「暮らしの物語」

女たちの想いで繋ぐ
日々の記録

「暮らしの物語」
編集委員会

カナリアコミュニケーションズ

はじめに

〝普通の女性たち〟の想いと暮らしを次代に繋ぐ

暮らしは〝普通の女性たち〟によって受け継がれてきた

明治、大正、昭和、そして平成時代の今日までの150年余。この間日本社会は、何回もの戦争、政変、経済恐慌、自然災害、エネルギー危機など政治、経済、外交、自然の局面で、大きな事件や出来事に遭遇してきました。

しかし歴史は、こうした大きな流れだけによって形成されてきたわけではありません。無数の個人の生きざまの小さな流れが出会い、合流して、その時代、時代の歴史や文化が築かれてきました。なかでも、暮らしに根ざした生活文化を支えてきたのは、歴史上の著名人や有名人よりも、むしろ多くの〝普通の女性たち〟。彼女たちの地道な営みを通じて、暮らしの知恵や技が脈々と受け継がれてきたのです。そして、それぞれの土地で、それぞれの家族の日々の暮らしの繰り返しの中で、家風や文化がゆっくり紡がれてきたと言えるでしょう。

変容する暮らしの中で、何を残し、何を伝えるかが問われている

しかし、昭和30年代以降の高度経済成長と科学技術の急速な発展とともに、暮らしのスタイルもしだいに変容し、利便化、合理化、画一化の全国的な普及の中で、地域の伝統や風習は希薄化し、「家」の文化の継承も忘れられがちになってきました。

家電の普及や流通システムの変革によって、女性の家事負担は劇的に軽減され、生活は豊かで快適なものになりました。しかし同時に、それまで受け継いできた暮らしの知恵や技の多くは切り捨てられてきました。これから、何を選び、何を残し、何を伝えていけばいいのか——わたしたち、ひとりひとりが暮らしに寄り添い、改めて考えていく必要があるでしょう。

そこで平成の時代も終わろうとする今だからこそ、明治、大正、昭和の生活文

化とともに育ってきた女性たちの記憶と知恵を風化させないために、〝普通の女性たち〟の「想いと暮らしの記録」を次世代の人々に手渡していきたいと考えました。ただし、「昔はこんなによかった」式の回顧主義でもなく、また学会や博物館のような学術的・アーカイブス的アプローチでもなく、あくまでも女性たちの気持ちや記憶をとらえる切り口を重視しました。これからの世代に伝えたい「暮らしの文化や知恵」を記録として残すことによって、いわば《日本暮らしの記憶遺産》をめざしたいと考えたからに他なりません。

「わたしたちは現在進行形（ＩＮＧ）」を活かした本づくりへ

本書の主役は、現在60歳以上の全国の女性たちです。彼女たちの生きざまや想いを、可能な限りそのままのかたちで活かすために、食、住まい、ファッション、しつけ、家族行事、おつきあい、金銭感覚など、暮らしに関わるさまざまなテーマで「生活記録レポート」を書いていただく方法を核としました。また、同時代人としてさまざまな領域で活動してきた女性たちの、インタビューや座談会の形式も取り入れています。この結果、登場していただいた女性たちは、60歳代から100歳以上までの各年代にまたがり、バラエティに富んだ構成となりました。

いずれも、年齢区分的には「シニア世代」「前期高齢者」「後期高齢者」などと呼ばれる方々です。この年代の女性たちは、「もうトシだから」を理由に現状を固守する保守的なイメージでとらえられがちです。でも、本当にそうでしょうか。年齢にとらわれず、前向きに意欲的に生きている女性も多いはずです。

そういう女性たちの「現在進行形（ING）」の暮らし方や生き方を記述するには、「衣食住」のような従来の分類では不十分ではないかと考えました。そこで、本書のまとめ方は、主体的な意思をあらわす日本語の動詞を取り上げ、「暮らしを育む」「暮らしを彩る」「暮らしを伝える」「暮らしを仕舞う」「暮らしの明日へ」という構成を採用しました。「暮らし」は重層的に絡み合う多様な要素で成り立っているので、これらの分類に収まりきらないもの、重複するものがあるのもたしかですが、少しでも本書のねらいが伝わっていれば幸いです。

暮らしの文化を豊かに花開かせるために

本書では、60歳以上の女性たちの生活記録を残すと同時に、彼女たちが生きてきた時代を想起できるよう、暮らしのさまざまなジャンルの変遷をイラストと文章で紹介しています。また、読者が自分史を考える際の素材となるよう書き込み式のノートブックも採録しています。ぜひ、これらの資料を活用して、皆さんご自身の「〝想いと暮らし〟の記録」づくりを試みていただければと思います。

どんな人も暮らしの中で、暮らしとともに生きています。そして、暮らしが生活文化を豊かに花開かせていきます。その意味で、同時代人だけでなく、なるべく多くの方々に本書を読んでいただき、それが基点となって各地で「個人の記憶遺産」を綴る輪が幾重にも広がることを祈念いたします。

平成30年7月
「暮らしの物語」編集委員会
代表　澤登信子

「暮らしの物語」〜女たちの想いで繋ぐ日々の記録〜　目次

山村の暮らし

生活記録レポートの表現について　原則的に作成者の記述内容をそのまま掲載していますが、誤字脱字の修正の他、読みやすさの観点から、趣旨を変えない範囲で、タイトルや文章を適宜リライトしているものもあります。

年齢表記について　本書の制作にあたっては、生活記録執筆時点、インタビューや座談会実施時点(2017年12月～2018年5月)に幅があるため、本文中に記載した年齢は、本書刊行時点において、実年齢とは若干のズレがある場合もあります。

暮らしを育む

子育て、教育、食育、徳育、知育、育成……暮らしには「育」という言葉がよく似合う。日々の暮らしのありようが、人や文化をゆっくり育んでいくからだ。ここでは、祖父母や親からどんな人生観や躾で育てられ、それを原点に、次の世代をどう育てていったかが、さまざまなエピソードで具体的に語られている。

何かを見つけて、その道を登ってみる
どんなことがあっても、あきらめない精神で

INTERVIEW
笹本恒子さん 103歳
日本初の女性報道写真家

撮影：河邑厚徳

父の趣味のおかげで審美眼が育ちました

私は大正3年生まれで現在103歳。第一次世界大戦が始まった年の生まれですから、ほぼ一世紀生きてきました。この百年間はあまりにも変化が多かったですね。

父は呉服屋を銀座でやっていました。茨城から出て来て、初め小僧で入り、番頭にな

り、経営者に。三越の前身の越後屋と並ぶほど、かなり大きな豊田屋という呉服屋でした。父はとても絵が好きで、有名な方の掛け軸を、春夏秋冬に飾っていました。

色紙一枚で、家が一軒買えるほどのものを持っていたとも聞きましたけれど、すべて戦争で焼けてしまいました。父は一夜で貧乏になり、とても気の毒でした。関東大震災で被災したお店をやっと直したのに、今度は空襲で焼けてしまって。

私は学校で習った堂本印象の絵を父に見せてもらい、「えェ！お父さん、堂本印象のほんもの？」と驚きました。ものを見る目を育ててくれたのは、父の趣味の影響が大きいですね。絵に対する目は父のおかげでずいぶん養われました。

居るだけで権威がある祖母の存在

躾はとっても厳しかった。80歳以上まで生きた、武士の妻だった父方の祖母がいましたから。祖母の里は小田原で鏡心一刀流の道場を開いていて、開祖の孫が私の祖母。黒船を祖父の背中から見たそうです。祖母はあまり口を利かない、無口な人でしたけれども、母は何かあると、「お祖母ちゃんから叱られますよ」と言っていました。

黒船を見た祖母たき（70代）

躾には厳しいけれど、姑としてはやさしかったようで、母はとても尊敬していました。祖母は直接孫には言わないけれど、祖母の存在が凄かった。居ることだけで権威がありました。母は父も尊敬していましたから、「お父さんに叱られます」とか「お父さんが嫌がります」とも年中言いました。

母は普通の女性で、いわゆる専業主婦。茨城県生まれで、女が6人、男が1人という、たくさん子供のいる家の長女に生まれました。器量がよくて目立ったらしくて、ある大地主から「二号に来てもらえないか」と言われて、父親がカンカンに怒って。茨城県においていたら危ないと、女中をつけて、人形町の大きな呉服問屋に行儀見習いに出しました。田舎から出てきて、奥女中のようにお嬢さんのお付きでした。学校に行く、踊りのお稽古に行く。みんな母が付いて行ったので、そこで礼儀作法を学んだのだと思います。

だんだん歳を取ってくると、母の言ったこともなるほどと思います。余所様へ行った

母わさ（40代）

ときのご挨拶などは、母を見て自然に覚えました。助手にも「行儀作法を母からより、先生を見て覚えました」とか、「先生のお人に対する態度が、よい勉強になりました」などと言われました。それは母から受け継いでいることです。

余所からお菓子などを頂くと、初めに仏様、祖母、父の順番。残りを子供に分けてくれました。「お母さんの分は」というと「いいんです。残ったらもらいますから」と。

女学校の頃から、自立したいと思っていました

私は、女学校の頃から自立したいと思っていました。どうしてそう思うようになったのか、覚えてはいませんが、その頃から「自分で生きる」という考えでした。女学校の卒業間近に、先生にこれからどうしたいですかと聞かれました。小さい頃から絵を習っていましたから、絵描きか小説家か新聞記者になりたいと言いましたら、先生が新聞記

者！と驚きました。その頃は、女性の新聞記者なんて考えられない時代ですからね。

女学校を出てから洋裁学校に行きました。でも早く絵描きになりたくて辞めました。まだ10代でしたけれど、昼は働いて、夜は絵画の研究所に。本や新聞に画家の記事が出ると、自分もそうなりたいと憧れて、小さい展覧会に出したり、自分なりに絵を描きました。その頃、お知り合いの新聞記者の方が私の絵を見て、新聞の挿絵を描いてみないかと誘って下さり、その仕事で収入を得るようになりました。

女性報道写真家第一号の誕生

昭和15年26歳のとき、写真協会を紹介され、そこで、アメリカには女性の報道写真家がいるけれど、日本にはまだいないと聞いて、やってみたいと思ったんです。家族を説き伏せて、写真協会に入社。それが報道写真を撮り始めたきっかけですね。

世界に日本の写真を送り、世界中から最新の写真が送られて来る。まったく想像もしなかった世界でしたけれど、それが楽しくて。先輩から写真を教えてもらい、カメラを持って現場に撮影に出かけるようになりました。日米学生会議、日独伊三国同盟婦人祝賀会、大阪駐在員としてナチス・ドイツの青少年組織「ヒトラーユーゲント」も取材。

今考えれば、日本の歴史的な瞬間に立ち会ったんですね。そんなとき、理解者だった母が病に倒れて、看病するために写真協会を辞めました。母を見送り、そして、日本は戦争に。終戦と同時に再び報道写真に復帰。新聞社で仕事をしましたから、戦後の日本が変わっていく様子をこの目で見ました。

平塚の七夕を取材(1958 年)

芯が通った明治の女性たち

明治生まれの女性はかなり取材しました。しっかりしているという印象を、どなたからも受けました。大正生まれと比べると、どこかにキリッとしたものを持っていました。女性はとても低いものに見られていた時代の中で育って来たのに、人格が出来ている。芸術家や文学者などという、仕事をされている方だけではありません。私の母も明治生まれですから、しっかりしたものを持っていました。時代的に甘やかされてはいなかったのですね。赤ん坊を背中に背負って、火を起してご飯を炊く。洗濯はシーツから何までしゃがみこんで洗い、布団の綿入れも、綿を出して打ち直すのですから、大変なことです。今の人には分からないでしょうね。

戦後、佐多稲子さんの取材に伺ったとき、「狭い家なのに、今日はお祖母ちゃんが布団の綿入れしますから、外へお茶を飲みに行きましょう」と言われたことがありました。日本人のお祖母ちゃんというのは、綿を入れたり、着物も自分で縫ったりしましたから、明治の人は偉かったですね。何でも自分でするしかなく、それは立派なことで尊敬します。

私が取材した方たちは、男女同権などという言葉がまだない時代に、男性に負けまいと、一生懸命仕事をされていました。私はそういう方たちの姿を残したいと思ったのです。今でも印象に残っているのは、料理研究家の阿部なをさん、国会議員の加藤シヅエさん、小児科医の養老静江さん、本当に頑張っていらっしゃいました。私は大正の人間ですから、明治の女性に会うことで、そのいいところを学びました。

フラワーデザインなど、いろいろなことをやりましたけど
すべて役に立っています

私は報道写真家の他にも、ずいぶんいろいろなことをやりました。好奇心が強いというのかしら。そのことがすべて役に立ったという気がします。

絵の先生に連れて行ってもらい、勅使河原蒼風さんの展覧会を見に行って、すごくショックを受けたんです。机の上に小さな紙が丸めて置いてあったり。枯れたススキがいっぱい差してあったり、散らしてあったりして、びっくりしました。生け花だからといって、花器に生けるだけではなくて、こういう世界があるのだと感動して、すぐ草月流のお稽古を始めました。

次はフラワーデザイン。フラワーデザイン教室を青山の花屋が始めたと聞いて、すぐ申し込みました。生徒は10人くらいでしたけれど、とても面白かった。そこで学んでフラワーデザイナーに。文章を書くのは好きだし、写真も撮れるし、挿絵も書けたし、何

でも出来ました。友だちが出版社を紹介してくれて、昭和42年53歳のときに日本で初めてのフラワーデザインの本を出版。それをきっかけに、あちこちで教室を頼まれて。そちらが忙しくて、絵を描くどころじゃない。気がつくと、フラワーデザインの先生になっていました。

著書『フラワー・デザイン教室』より（鶴書房刊 1967 年　写真撮影はすべて笹本恒子）

次の世代の女性に伝えたいこと

自分でやろうと思ったことを貫く。何でもいいですから、一つのことを見つけてその道を登ってみる。一つがダメでも、次の道を見つけて登って行く。その精神を忘れてはいけない。私の場合は、いろいろとやったことがすべて役に立っています。今の若い世代は、あまりにも情報過多だから、考える時間がないみたい。でも、何かをしようと決めて目指すべき。私は絵が好きだったことが、すべての基本になりました。洋裁やお花をやっても、基本は絵。基本になるものを見つけることが大切。

写真なんてまったく分からなかったけれど、先輩がフィルムを入れてくれて、「何でもいいからピントを合わせて、日比谷公園でスナップを撮っていらっしゃい」と。36枚撮って来て現像したら、絵を描いていたので構図がしっかりしていると言われました。やって来たことがすべて写真に通じました。たくさん手を広げるのではなく、自分がこれだと思ったことをぜひ、諦めないでやってみてほしいです。

笹本恒子（ささもと　つねこ）
1914年生まれ。1940年財団法人写真協会入社。日本で初めての女性報道写真家になる。戦後、「千葉新聞」「婦人民主新聞」嘱託を経てフリーに。激動の時代の日本を撮り続ける。しばらく写真を離れるが71歳で復帰、現在に至る。日本写真家協会名誉会員。吉川英治文学賞、米国ルーシー賞他多数受賞。著書『ライカでショット！』『お待ちになって、元帥閣下』『103歳。どこを向いても年下ばかり』、写真集『恒子の昭和』『100歳のファインダー』他多数。

生活記録レポート

童話好きな子供に贈り物をくれたカバヤ文庫

福田順子　72歳

小学生時代、カバヤキャラメルを買うと中に札が入っていました。その札を集めると、外国の童話の本に交換してくれました。母からは一ヶ月に二箱しか買ってもらえませんでした。買ってもらうとすぐに札を取り出し、大切に保存して、規定の枚数になると、好きな童話と交換してもらいました。

今も手元に何冊かありますが、いずれもベージュ色の紙でできていて、イラストはすべて色なしでした。それでも、外国の童話をむさぼり読んで、その国の子供の暮らしを想像していました。

当時は紙も大切な時ですから、表紙の裏も含めて白いページは1ページもなく、内容とは無関係の「麦ができるまで」とか「虫の生態」といった内容が細かく書かれていて、子供にとっては別の勉強にもなりました。ぼろぼろになった本をセロテープで修理し、イラストには色鉛筆で色をぬり、宝物のように大切にしていました。

（東京都江戸川区）

子供たちの夢を育んだカバヤ文庫

父が好きだった「上等」という言葉

原　久子　60歳

大正生まれの父は、「上等」という言葉をよく使った。そして時々「これは上等だぞ」といって子供たちに物を買ってくれた。現在は「上等」という言葉はめったに聞かない。父はその言葉を使うことで「モノを大切にする心」と「上等な生き方」を教えてくれていたように思う。

父が亡くなったときに、この「上等」の言葉どおりの生き方だったなと思い、私も自分なりに「上等な人生」を送らねばと思うようになった。

（東京都大田区）

直感力を鍛えよ

父は戦争中、軍人ではなかったが、学卒であったため、一部隊を率いることになった。敵が攻めてきたときに、大本営の命令を無視して、反対の方向に進み、さらに重い銃を捨てて逃げ、みな命が助かったという武勇伝がある。

命令に従えば山があり命を失ったと。父は「物事は自ら考え、自分の直感（判断力）に従え」と、よく言った。直感には現場の洞察力と分析力、理論の裏付けがあると。迷いがあるときは、自分を信じて直感力を持って生きていければ――そんな力を持ち続けられることを願う。

（東京都大田区）

「感謝とお返し」の気持ちを大切に

川端郁子　92歳

「人に何かしていただいたら、きちんとお返しを。そして、こちらからも何かをしてあげる」。それが両親、特に母の口癖だった。地方銀行の頭取だった母方の祖父は、人と地域の絆を大切にした人だったという。その姿勢は母に受け継がれ、私の中にも深く根づいている。「感謝とお返し」の気持ちを息子たち、孫たちにも教えてきた。

（岡山県岡山市）

お遍路さんのこと

長谷千恵　75歳

四国八十八ヶ所めぐりが今ブームのようですが、私の子供の頃はよく本物のお遍路さんが来て、玄関先で御詠歌を唄っていかれました。終わると母は半紙のようなものに包んだ硬貨を渡していました。

それからそばにいる私の方を見て「お遍路さんは、空身《からみ》で帰すもんじゃないんよ。母さんがおらん時は、お米を一合升に一杯あげてくれ」と言われ、その通りにしたことがありました。お遍路さんは首から下げた袋の口を広げて、お米を受けとってくれました。とても緊張したことを忘れられません。

（長野県塩尻市）

タンスから出て来た母の手紙

曽根禮子　83歳

私が嫁いでまもない時、衣装ダンスを整理していたところ、小紋の着物の間から白い封筒が出て来ました。中は母からの手紙でした。『人己腹心気』と毛筆で書かれていました。

最初は、その文字を首を傾げて暫く眺めていました。次のページに、「禮子ちゃんはお姑さんと一緒の生活で、お互いに育った環境が違い、価値観も違う事から、時には感情の高ぶりが乗じることもあるでしょう。夫の清次さんも同様、でもそんな時『人は大きく、己は小さく、腹は立てず、心は丸く、気は長～く』この意味を良く理解しながら、掌《てのひら》でも膝の上でも書けば、2回も書かないうちにきっと、気持が落ち着き穏やかな心を取り戻すでしょう。大切な夫とお母様との生活を、穏やかに楽しく過ごしてください」と、書かれていました。

母の手紙のおかげで、主人との生活も今年55年を迎えますが、これまで一度も諍《いさか》いなく、過ごせたことに感謝しております。

（東京都大田区）

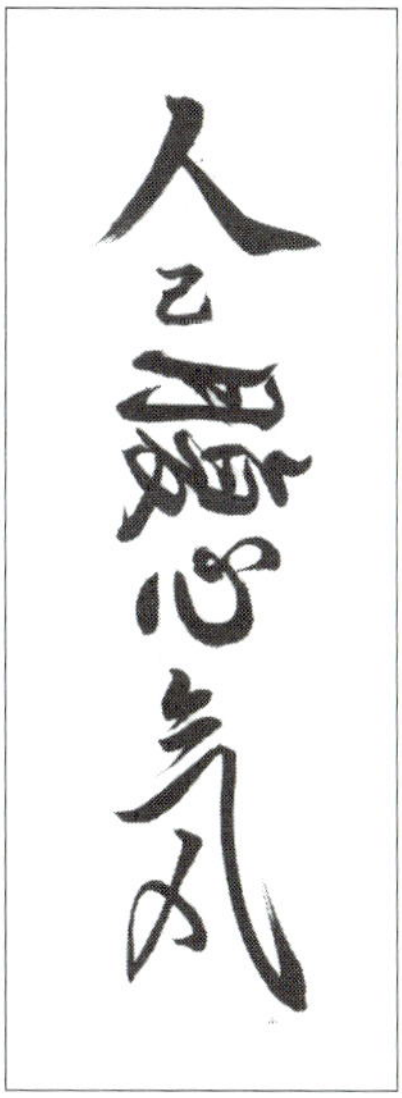

祖母と母の思いを、三代目にして自己実現

海野ハヤ子　60歳

納戸の箱に父方の祖母の大学の受験票と、ラブレターと恋人の写真が残っていた。ラブレターは、親の転勤で離ればなれになった恋人からのもの。祖母は勉強が好きで、大学に入学して東京に戻りたいと思い、願書は出したが親の反対で受験できなかった。さらに祖母の相手は、当時流行していた社会主義思想の帝大生で、危険思想と思った親に反対されて、見合い結婚をさせられた。

女学生時代の祖母の写真（明治43年撮影）

大正生まれの母は大学には通ったものの、戦争下に自分の目ざす道は断念せざるをえなかった。そして、恋愛結婚ではあったが専業主婦の道を選んだ。

二人の先代は自立の気持ちはあっても、自由に人生を歩むことができない時代に生きた。明治、大正生まれでありながら進歩的な考えを持ち、何げなく洗脳してくれたおかげで、私は縛られずに人生を選択することができた。三代目にして、自由に我が道を選べる時代に育った私は、この先代の女性たちに感謝しつつ、その気持ちを裏切らないようにと思っている。

（東京都大田区）

母から伝えられた家計簿

本多敬子　72歳

母から贈られた、最大の遺産は家計簿生活です。結婚の時に家計簿を渡され、主婦になったという実感と緊張を覚えたものでした。

家計簿は、一年間をどう過ごしたいかを考え、予算を立て、その予算と照らし合わせながら生活するというものです。付け続けてきたおかげで、何とか健全な家計運営が出来たように思います。

家計簿には「公共費」という費目があります。これはこの家計簿の創案者が、質素でも生活に必要な収入がある人は、社会に目を向け、力を尽くさなくてはいけないという考えから設けられました。

私は大阪商人の末裔《まつえい》です。普段の生活は質素ながら、「世の中に必要と思われるものには、惜しみなく出費するのが大阪商人」と、母から聞かされていました。私も家計簿とともに、外に目を向けた生活をしたいと思っています。

（静岡県静岡市）

元気をくれた母の言葉

生方すず　76歳

小学校の頃、近くのお店に買い物を頼まれた私は、不注意からお金を無くしました。しょげて帰った私に、母親の「落とした物は残念ですが、お金は拾った人の役に少しは立っているかもしれないから、あまりがっかりしないで」という言葉に安心して、俄然元気が出ました。このことは私の「失ったお金やものに執着しない」その後の生き方に影響しているように思います。

（静岡県静岡市）

父と、かつお節削り

佐塚純子　68歳

子供の頃、朝起きて耳にしたのは、父が鰹節を削る「シュッ、シュッ」という音だった。削りたての鰹節はいい香りがして父の好物。醤油をまぶして炊き立てのご飯にのせ、実に美味しそうに食べていた。私が家庭を持ってからも、それが当たり前のことと思っていた。

父は、自分が気に入っている物を人に上げたい性分で、私も削り器をもらい、ありがたいことに鰹節も届けてくれた。みそ汁はもちろん、雑煮は特に美味しい。削りたてをたっぷりと出汁に使い、食べるときに上にものせる。

子供が小学生だった頃、友だちが遊びに来たときのこと。私が鰹節を削っている様子を興味深げに見て、「おばさん、何をしているの？」と聞かれた。そうか、これは当たり前の風景ではないのだ。今では「何とかのダシ」というような、簡便で味の良い物があふれているが、削りたての鰹節に勝るものはない。

（静岡県静岡市）

我が家のかつお節削り器

反面教師だった父

工藤リセ　70歳

私の父は建設会社を経営していました。父は社長で殿様のように、自分は動かず、人を動かすのが私はイヤで、反発していました。父は回りの人に、お金が入るようにして上げたいという気持で、自分の仕事を手伝わせていました。きのこを育てるとか、山の手入れをしてもらうとか。でもそれは、人を育てるというのとは違います。

そういう父のやり方を見ていましたから、私はそれぞれのいいところを出し合って、生きて行きたいと思っています。

何かやりたいと思っている人を陰から応援して行きたい。私が応援したことで、元気になってくれたら嬉しいです。

（岩手県岩泉町）

母がこだわった食生活で健康に

小山玲子　68歳

母は食材にこだわり、「健康のため」でもあったが、食卓の寂しさを嫌がった。毎日、野菜は緑黄色野菜や根菜類を中心に何種類も揃え、豆腐・納豆などの大豆製品、乳製品、海藻類、きのこ類、魚、肉など実にバリエーション豊かだった。

母が高齢になってからは、同居した私が調理を担当したが、内心では母のこだわりに困惑したものだ。しかし、そのおかげで、これらの食材はもちろん、魚（特に青魚）が

大好きな私。
今の健康は、このバランス豊かな食生活がもたらしてくれたものと感謝している。

（岡山県岡山市）

わが家の手作り保存食でおもてなし

丸田ハツエ　74歳

生まれ育った地は、北海道でも雪の多いところ。今のように大型スーパーや冷凍冷蔵庫もなく、配送業も発達していなかった時代。厳しい寒さが続く長い冬を乗り切るために、干物、塩漬けなどの保存食作りは大切な暮らしの知恵だった。

夫は大の釣り好きで、よく海釣りに出かけた。ニシン、イワシ、サバ、イカなどの釣果《ちょうか》を持ち帰るので、食べきれない分は、麹漬け、味噌漬けなどにして冷凍した。なかでもニシンを干して身欠きニシンにして、大根、キャベツと合わせて麹で漬け込むニシン漬けは、我が家の定番だ。

東京で暮らす息子が、久しぶりに友だちを連れて帰郷したとき、食卓に出すと大感激。息子がよくお世話になっているので、お母さんに魚や野菜などの保存食を、お土産で持たせたところ大変喜ばれた。たまにしか帰って来ない息子の喜ぶ顔みたさに、もうしばらく頑張って作り続けてみようかと思っている。

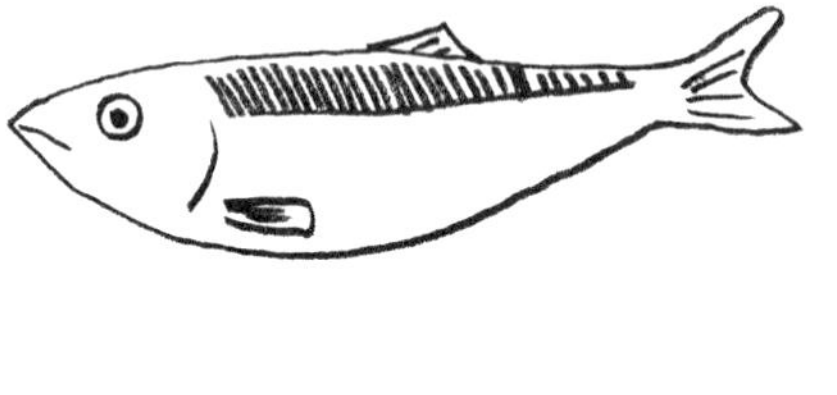

（北海道苫小牧市）

食卓の上はまるで南北戦争!?

山路雅子　73歳

夫のルーツは東北で、塩分の多い濃い味つけの家庭で育った。私のルーツは関西で、出汁を生かした薄味。新生活を始めてからの食卓は、まるで南北戦争のよう。私が作れば「味が薄い」「もっと塩をたして」、夫が作れば「しょっぱすぎる」「醤油を入れすぎで、材料の色がわからない」などなど。

しかし、時間の経過とともに、少しずつ停戦協定が結ばれた。今では生活習慣病、メタボ対策を錦の御旗に、じりじりと私側の陣地が拡大しつつある。夫の舌も薄味に慣れてきたようだ。外食したときや、惣菜を買って食卓に出したりしたときなど、開口一番「味付けが濃い」と言うことが多くなった。

（埼玉県浦和市）

大家族の食事作りから学んだ知恵

上田千鶴子　69歳

私の父は、金沢友禅の下絵師。物心ついた頃から、いつも何人かの住み込みの職人さんや、修業中の見習いさんが一つ屋根の下にいた。

電子レンジも冷凍食品もなく、スーパーで惣菜などもなかった時代。母は毎日三度三度、大人数の食事作りに追われ、私も姉も下ごしらえから調理、片づけまで手伝った。

豪華な食事ではなかったが、一汁三菜を基本に、旬の材料をいかした献立をみんなで賑やかに食べていた。献立に変化をもたせる

ため、一本の大根でも料理法を工夫して、葉から先っぽまで全部使い切るコツも、母の見よう見まねで覚えてきた。

結婚して子供が二人でき、仕事と子育てで時間のない中でも、手早く食材をうまく使いながら、手ぬきせず食事作りができたのは、子供時代に身につけた知恵の力が大きかったと思う。

（石川県金沢市）

子供と接する時、心がけてきたこと

土井千種　66歳

我が家によく遊びに来る孫は、二歳過ぎてもなかなか数字を言えませんでした。それで階段の上り下りのときに、手をつないで、いつも「1・2・3・4・5」と声をかけていました。すると、十日もせずに、部屋の中で「1・2・3」と声を出して走り回っていました。

「まぁ、すごいね、数えられるのね」とほめてあげました。子供たちにも「お風呂の中で、数えたら湯船から出ていいよ」と言いながら数を覚えさせました。子供にストレートに教えるのではなく、日常の身近かな生活行動と関連づけて教えると良いと思います。そして上手にできたら、ほめることを忘れずに。

（東京都多摩市）

放任主義が育む自立心

段原妙子　69歳

私は四人兄妹の三番目として育った。長男は代々の家業を継ぐことを定められ、厳しい勉強と修行を強いられた。長女は花嫁修業後、仲人が持ち込んだ見合いの相手と結婚した。妹は末っ子で甘やかされ、三番目の私はその狭間で放任され、自立心だけはしっかり身についた。

大学、就職、結婚もすべて自分で決め、親には事後報告。団塊世代のため、小学校から大学まで競争が激しかった。人生で一番大事なのは、自分自身の頭で考え、自分の足で立ち、社会で自立して生きることだと確信している。

今、子供たちから言われて一番うれしいのは、「母さんは、子供たちがしたいことをアタマから反対せず、まず、言い分をよく聞いてから認めてくれた」という言葉だ。


（神奈川県相模原市）

わいわい作って、食べて、心も弾むひととき

玉川慧子　79歳

何年か前、地域の若いお母さんたちから、郷土料理の「冷や汁※」の作り方を教えてほしいと頼まれました。なんでも、「わいわい食パーティー」といって、みんなで一緒に作って食べる活動で、古くから伝わる郷土料理にしよう、という話になったとのことでした。

そこで、まずアジのさばき方、いりこや昆布の出汁の取り方などから教えて、わいわい一緒に仕上げました。参加した若いママたちの母親世代は、それぞれの家庭の味を守っていたので、試食しながら、「ウチは青じそは絶対」「ウチはみょうがは使わなかった」「ウチは白味噌ベースだった」と、話がはずみました。

それ以来、季節ごとに集まっては夏は流しそうめん、秋は鮎料理、暮れは餅つきなど。わいわい楽しく、和気あいあいと、みんなで一緒に作って食べて、おしゃべりをしていいます。

（宮崎県延岡市）

※冷や汁　宮崎県などに伝わる郷土料理。アジ、イワシ、カマスなどの魚の身をほぐし、味噌、胡麻を合わせて香ばしく焼いたものを、いりこや昆布などでとった出し汁で溶き、冷えたご飯（または麦飯）にかけて食べる。好みで豆腐やきゅうり、青じそ、みょうがなどをトッピングするが、各家庭料理や地域により味つけ、盛りつけに違いがある。

姉妹合わせて平和を永遠に

原　久子　60歳

戦争に行かされ、ロシアに抑留されていた父は、捕虜生活から戻り銀座で「第三の男」の映画を見た。そのときに、映画を楽しめる文化的な、平和な時代が来たと実感したそうだ。その後生まれた長女の名前は平和の「和子」、次女の私は「久子」、二人合わせて平和を永久に。平和な時代になったからこそ、音楽や芸術や

父のベルトと憲章。ロシア抑留時代に使っていた鍋

文化を楽しんでほしいと娘たちに語っていた。そんな心豊かな暮らしをしていきたいと思うが、現実は……。

祖母の家の募金箱

祖母の家の茶箪笥の上に、富士山の形をした貯金箱が置いてあった。祖母は買い物に行ったお釣りをそこに入れた。孫たちは祖母の家に遊びに行くと、5円10円とその貯金箱に入れた。

祖母は年末になると「恵まれない人に」と歳末助け合いに、その貯金箱にたまったお金を寄付していた。大人になってもタクシーに乗ったと思って寄付、フォスターペアレンツ、ユニセフ、国境のない医師団に寄付など、祖母に教えてもらったことは実践するようにしている。

（東京都大田区）

物心ついたときから、反戦

丹羽ゆきこ　65歳

祖母は、戦争に息子を送った時の悲しさを紛らわせるために、お茶断ちして息子の帰りを待ったと、孫である私によく語った。

母は戦争で家が焼け、何もかも失ったこと、東京大空襲の折り、死体の中を歩いて帰ったと語った。母は戦争を思い出す芋が好きではない、飛行機の音は戦争を思い出すという。子供のころから、反戦教育に満ちた環境で育った。戦争への記憶が薄れないようにしたい。

（東京都大田区）

分相応に生きる

津島俊子　76歳

「人の振り見て希望を持つなよ
　人の振り見て諦めるなよ
　人は人なり」

という言葉があります。人それぞれに生まれながらに持っている個性、力量を自覚して、分相応に生きて行くことで悩みも少なくなる。また、自分が持っている良いところを世に役立てて行けば、何事も無難に収まって行くものだと聞いています。

（静岡県静岡市）

きちんと、ちゃんと、大切に食べる

金田美代子　60歳

日々の暮らしの中で、大切にしていることは「きちんと、ちゃんと、大切に食べる」ということ。食はすべての基本。きちんと食べていると身体も元気になる。元気になると、いろいろなことがうまく行く。昨今、特に子供の食生活の貧しさを見聞きするにつけ、ますますその思いを強くしている。

安心・安全な食材、特に地元の土の力で育てられた野菜のおいしさや甘さ、旬の素材そのものの味を楽しんでほしい。営んでいる和食処では、そうした食材を使った料理を提供している。「ここで野菜を食べて元気をもらった」という声も多く、ぶり大根や筑前煮などが若い人たちに大好評なのもうれしい。

野菜料理は、手間もコストもかかるが、きちんと調理して素材の味を引き出すこと。それが私の料理のテーマだ。

（岡山県総社市）

玄関は、その家の顔

三保百合　75歳

かつて玄関はきれいに掃除され、生花や飾り物で整えられ、いつでも客人を迎え入れられる場所として存在していた。しかし昨今は住宅事情も変わり、玄関は客人も家人も、同様に出入り口として使用するようになった。

我が家では、当たり前のことながら履物はきちんと揃えておく。家人用はなるべく下駄箱に収納し、上がり框《かまち》中央は履物を置かないようにしている。

玄関の掃除は、学校へ行く前の子供たちの役割であり、今も実行している。誰もが出入口として必ず使用する玄関こそ、きれいに整理しておきたいものだ。

（静岡県静岡市）

私が人生を謳歌できるのは、先人たちと母の影響が大きい

INTERVIEW

加藤タキさん　73歳

コーディネーター

自分の心で考える人間になってほしい

1892年生まれの父と1897年生まれの母、母が48歳、父が53歳のときの子供です。1945年、男女の平均寿命が50歳前後と言われるときに、母は新しい命を自然分娩で産み、翌1946年戦後初の総選挙で、初代女性国会議員に。両親共に公職

加藤シヅエさんとタキさん２歳（1947年）

に就いている家庭で育ちました。

成熟した大人が子供を産み育てようとしたわけですから、私に早い自立を促しました。「自分の頭で考え、自分の足でしっかり踏んばり、何よりも大事なことは、自分の心で感じることのできる人間に、あなたを育てたい」と。

私は3月30日生まれなので、同学年の仲間よりほぼ一年遅れているにも関わらず、母乳が出ず、粉ミルクで育ったせいか、身体が大きくて、小学校で男の子と喧嘩をしても強かった。自立心が旺盛で、なにクソっていう反骨精神。いじめている子を見ると「何やってんの」とすぐ行って、男の子を相撲で吹っ飛ばしちゃう。先生はこわくないのに、「タキ子ちゃんに言いつけるわよ」って女の子が言うと、男の子の方が「やめてやめてやめて」と逃げたそうで、今でも笑い話です。

転んで泣いても、手を差し伸べなかった母
それは自立心を育むための子育て

忘れられないことがあります。二歳の頃に転んだ時のこと。当時、戦後の焼跡の荒れた野原に、母が私の手をひいて遊びに連れて行ってくれたんです。そのとき「わぁ〜、草がぼうぼうで、大きな石ころがいっぱい！」と、母が言ったのを覚えています。

頭が記憶しているというより、心象風景として心に刻んだのですね。母の手を振りきって駆け始めた次の瞬間に、私は転びました。自分の赤い血を初めて見て、ワンワン泣いたんです。母は近くに来て、私をニコニコ見ているだけで、抱き上げてくれません。泣き方が足りないのだと思って、もっとワーワー泣いても助けてくれない。仕方なく自分で立ち上がりました。そうしたら、母は白い服を着ていたのですが、自分の服が汚れるのも構わずに抱きしめてくれて、「チチンプイプイ！　痛いの痛いの飛んでいけ〜」って言ったんです。

どんな相手も受け入れ、理解したいという気持ちを持ってほしい

子供心にハッキリと記憶しているのは、そのとき母が言ったこと。「あなたは今、痛いのと、血を見てびっくりして泣いている。あなたの周りは今は、同じ皮膚の色で髪の毛が黒い人ばかりだけど、この世界は広~いから、やがて、いろいろな人に出会うでしょう。でも、みんな怪我をすると、同じ赤い血を流すの。痛ければ泣くの。あなたとママは顔が違うでしょ。パパとママも違うし、周りの人もみんな違う。同じように、頭の中で考えていることも違うし、心で感じることも違って当たり前なの」。「自分は自分、でも人は対等である」ということを、母は言いたかったんですね。みんな違って当たり前。だけど、悲しければ泣くし、嬉しければ笑う。国際人というのは、語学ができる、何カ国の外国に行ったとかではなくて、自分の言葉で自分を表現できること。どんな相手も受け入れ、理解したいという気持ちがあることなど、国際人として生きる基本を、私は両親から受け取りました。

いつまでも元気でいる秘訣は、感動すること

母は90歳を過ぎた頃から「どうしてそんなにお元気なんですか。元気の秘訣は？」と聞かれると、「感動すること」と答えていました。一日10回感動しましょうと、言い切っていました。いいものを見て、いい本を読んで、いい映画を観て、いい音楽を聴いて感動することだけが感動じゃない。喜怒哀楽、全て感動。怒りも、苦しみも、嘆きも、全部感動だと。桜を見る、鳥のさえずりを聞く、これも感動。それを何にも感じないまま過ごすのか、感動して心に留めるのかで全然違ってくるのだと。

母は、95歳で右大腿骨を骨折して以来、外出時は車イスでしたが、介護が必要だったのは100歳から104歳の4年です。ずっと一人住まいでしたが、100歳でまた転んでしまい、いよいよ入院、その後施設に移りました。意識して肉や魚、バター、牛乳等タンパク質・乳製品をしっかりとる食生活をしていたせいか、床ずれもきれいに治りました。元気になったら、施設を出たいと言うんです。「あなたは、まだ100歳になってないから分からないだろうけど、ここは老人ばかりなの。一歩部屋を出たら老

人、鏡を見れば私も老人、老人は自分ひとりで十分」ですって。母は本当にユーモアの精神が豊かでした。

102歳の春に舌がんの手術をして、半年後には、21世紀を迎えるにあたってのインタビューを病室で受けたり、連載の原稿も書きました。編集者に「歴史の本やニュースのアーカイブスに載ってることではなく、加藤シヅエさんがご自分の目で見て、感じたことを書いてほしい。これは加藤シヅエさんにしかできません」と言われ、張り切って執筆しました。

加藤シヅエさん100歳
(1997年)

コーディネーターとして、世界のリーダーたちと仕事をする

私がなぜコーディネーターの仕事を持続できたかというと、人間が好きだからだという理由だけではありません。みんな誰でも、怪我をすれば赤い血を流す、痛ければ泣く。悲しければ泣く。でも、頭の中で考えていることや、感じていることは違うという

多感だった20代の頃

こと。当たり前ですけど、「人は人、自分は自分」という考えが、小さい頃より身についていたからだと思います。

オードリー・ヘップバーンとエリザベス・テーラー、リチャード・バートンと三人の大物スターしかマネージメントしていない強者のマネージャーと、20代の私が渡り合ったんです。同じ人間だと思っているから怖くない。何をするためにここに座っているのか、どうやったらオードリーさんにCMに出演していただけるのか、自分の頭で考え、交渉することが私にとって重要な仕事でした。自分の意見をはっきり伝えましたから、強者と言われているマネージャーや弁護士たちに、信頼されたのでしょう。

オードリー・ヘップバーンさんのこと

オードリーさんからも生き方の影響を受けました。母と同じで、自分の価値観を他者に押し付けない。「人は人、自分は自分」という考えでした。シンプル思考で、アクセサリーも付けない。『ローマの休日』や『ティファニーで朝食を』で、素敵に着飾っている姿が似合うと私が言っても、ご本人は違うとおっしゃる。「あれは女優オードリー・ヘップバーンが演じているのであって、素の私にはそぐわない。居心地が悪い」と。ファッションも生き方もシンプル。そして、慈愛に満ちていました。どんなに偉い方でも、あるいは自分より年が若く経験が不足していても、いつも自然体で接していました。

オードリーさんとは1971年頃に初めて出会い、10年後にもう一度コマーシャルの仕事をしました。それ以来、亡くなられる1993年まで、とても親しくお付き合いさせていただきました。後半生をユニセフの親善大使として、アフリカ、南米、アジアの恵まれない子供たちを献身的に援助された活動を、心から尊敬しています。仕事で出会った多くのスターたちの中で、ここまでの親交を育んだのはオードリー・ヘップバーンさんだけです。

女性の自立のために生涯働き続けた母・加藤シヅエ
多くの人に知ってもらいたい

母は17歳で、10歳年上の男爵と見合結婚をしました。当時、嫁は絶対に姑より早く起きなければならず、朝は5時起きで仕えていたそうです。夫が鉱山の技師で、九州へ赴任となり、母も同行。その頃の鉱山では、男性は褌一つ、女性も上は裸に腰巻きだけで働いていました。女性は坑内で出産し、ヘソの緒をつけたままで炭坑から出てくる……。その姿を目の当たりにしていた母は、1919年（大正8年）アメリカへ行ったとき、産児調節運動に取り組んでいた保健婦のマーガレット・サンガー夫人と出逢い、すぐに賛同。日本でも女性が、性を自分でコントロールできなければ女性の解放、自立はありえないと悟り、帰国後、日本で産児調節運動を始めました。

1946年（昭和21年）敗戦後、初の女性国会議員の一人に選ばれ、以降、公僕として生きました。最近は「公僕」という言葉を聞きませんね。今の政治家たちの発言を母が聞いたら、黙ってはいないでしょう。きっと、テレビ局に電話して、モノ申したい

足尾銅山での加藤シヅエさんの演説（1921年）

と言ったと思います。

日本の女性が、選挙権を得たのだってほんの70数年前。現在、私たち女性が謳歌しているいろいろな権利を、当たり前のように感じていますけど、それを獲得するために活動してくれた女性たちが国内外にいたのです。産めよ殖やせよの時代に、女性も自分で性をコントロールしましょうと、言い切ったのですから。今では考えられないほど、大変なことだったと思います。それを出来るようにした先人がいたことを、知っておいてもらいたい。今の私の夢は、加藤シヅエの物語をテレビドラマ化することです。

加藤タキ（かとう たき）
1945年生まれ。アメリカ留学後、米国報道誌東京支局勤務を経て、ショービジネスの世界へ。オードリー・ヘップバーン、ソフィア・ローレンをはじめ海外スターのCM出演交渉や音楽祭など、国際間のコーディネーターの草分け。現在は、講演、TV、各種委員、著述など幅広く活動。母・加藤シヅエの志を継ぎAAR Japan［難民を助ける会］の副会長などを務め、ボランティアにも励む。「アンチエイジング大賞2017特別賞」受賞。

私が伝えたいこと

もっと森を知ってほしい

山縣睦子さん 92歳
森林経営者

みんなで楽しめる森づくりを

私の生業は林業です。林業と言うと、森に木を植えて、育てることだけが仕事のように思われますが、私は森を開放して、多くの方に森に来て頂くことも仕事であると思っています。それが新しい林業であり、耳慣れない言葉かもしれませんが、それを経営する人が森林経営者。私もその一人です。

かつて、木は誰にとっても大切なものであり、豊かな森の恵みに感謝して暮らしていました。今のように身の回りに木材製品が少なくなってしまうと、林業は生業として成り立つのが難しくなってしまいます。

ご存知のように、日本の国土の70パーセントは森です。例えば、郊外に出たときに、電車の中から外を見ると、意外に身近なところにも、森があることに気付くことでしょう。でも、残念なことに、手入れが行き届かず、日が差し込まず、倒れた木が放置されたままの森が多いのです。

林業家が育てる木、つまり売れる木は、スギ、ヒノキなどの針葉樹です。私の山もそうです。20年ほど前に、アカマツが松くい虫にやられてしまい、その後をどうしようかと考えましたが、広葉樹を植えたいと思いつきました。稼ぐ森ではない、みんなで楽しめる森があってもいいのではないかと。秋になると、色とりどりに紅葉し、都会の人たちに遊びに来てもらえる雑木林。みなさんに参加してもらい雑木林をつくろう！　この森を〝彩《あや》の森〟と名づけました。今〝彩の森〟にみんなで植えた樹々は、秋には紅葉して実をつけます。針葉樹とはまったく森の景観が違います。

“彩の森づくり”で、都会から訪れた子供たちに、木の植え方を教えます

森を育てるのは、子育てと同じ

林業というと、男性の仕事だと思われがちですが、子供を育てるのは育児、林を育てるのは育林ですから、女性に向いていると思います。風が吹けば森の木を心配するのは、子供を心配する母親と同じ。木は愛情を注げばスクスクと育ちますが、病気になる木もあるので、いつも木の様子に気を配っています。「鳥の目になって森を見、虫の目になって木を見る」という言葉があります。鳥のように空から森全体の様子を見て、虫のように一本の木を観察する。森を育てるときは、鳥の目と虫の目の両方が必要ですが、森だけではなく、何においても両方の目を持つことが大切だと思います。

（栃木県矢坂市）

100年生の美しいスギの林

山縣睦子（やまがた　むつこ）
1926年新潟市生まれ。三輪田家政女学院卒。1947年に明治の元勲 山縣有朋氏の曾孫である山縣有信氏と結婚。1974年有信氏急逝の後、44歳で山縣農場の経営に携わる。（社）日本林業経営者協会婦人部会元会長 NPO法人MORI－MORIネットワーク代表理事（財）山縣有朋記念館理事長

暮らしを彩る

暮らしに彩りを添える要素は無数にある。あたかも縦糸と横糸が絶妙に絡み合いながら、精緻な布を織り成していくように、生活文化を紡いでいく。料理、ファッション、美容、趣味（音楽、スポーツ、手芸など）、遊び、ペット、インテリア……人生経験豊かな女性たちの物語には、暮らしを魅力的にする知恵が豊富に埋め込まれている。

糠漬けと鰯《いわし》の団子汁

村山民子　70歳

姑の世代は、各家で糠漬けを作るのが当たり前だったようだ。夫は、子供時代から母親が毎日一回、祖母から伝わった糠床をかき回す姿を見て育った。なす、きゅうり、白菜の糠漬け、それも茶色く変色し、酸っぱくなった古漬けが大好きだった。

もう一つの定番料理は、鰯の団子汁。新鮮な鰯の頭を落とし、生姜、味噌、卵、片栗粉と合わせて、すり鉢で粘り気が出るまですって団子にする。たっぷり刻んだ根菜のすまし汁に、スプーンですくった鰯団子を入れて煮込む。どちらも丁寧に、手間をかけて作るおふくろの味だ。

本当は嫁の私に伝えたかったと思うが、子育てと仕事の忙しさにかまけて、姑が大切に守ってきた糠床も失われてしまった。今となっては、とても悔やまれる。

（埼玉県浦和市）

「おふくろの味」は手前味噌

水野恵美子　70歳

実家の母が、常備菜としてよく作っていたなす味噌。干しエビ、刻んだなす、ピーマンを油で炒め、赤味噌、砂糖、醤油、胡麻で味付けしたもの。炊き立ての白いご飯にのせて食べると、甘辛い味が口の中いっぱいに広がって、幸せな気分になったものだ。上京して一人暮らしをした頃や、結婚した頃もよく作って送ってくれた。ご飯のお伴としてだけでなく、スティック野菜のディップにしたり、冷奴の上にのせたりして重宝した。今では私が、母を思い出しながら時どき作っている。（東京都目黒区）

祖母のレシピから

遠藤慧子　72歳

牛タンの柔らか煮　最近、牛タンが人気なので安く手に入りません。戦前戦後は、牛タンを食べる人が少なく安価でした。でも美味しいので、お客さま料理やお正月に、祖母がよく作っていたレシピです。

牛タンに多めに塩をぬり込み、大きな鍋に入れて水を張る。最初は強火にしてアクを取り、弱めの中火で2時間以上、竹串がすっと通るまで茹でる。そのまま煮汁につけ、冷まして薄く切り、からし醤油で食します。我が家では好評のレシピでした。

材料：牛タン　大1本。（皮をはぎ取る…肉屋さんで取ってもらっていた）塩・酒　適量

新鮮イカのワタ煮鍋　このレシピは他で見たことがないが、祖母が新鮮なイカが手に入った時にだけ作る、簡単で美味なる鍋。お酒のおつまみに最高らしい。お酒が飲めない私も、ご飯と一緒に美味しいと思って食べたものだ。

イカを2～3バイ。イカのわたをしごいて、小さめの金属製の鍋に出す。それに日本酒を多めに入れて溶き、ゆるいマヨネーズ状にして火をつける。沸騰したら、食べやすい大きさに

カットした生のイカを入れ、火が通ったら、お醤油をつけて食べる。ただそれだけなのに美味しい。

（東京都国分寺市）

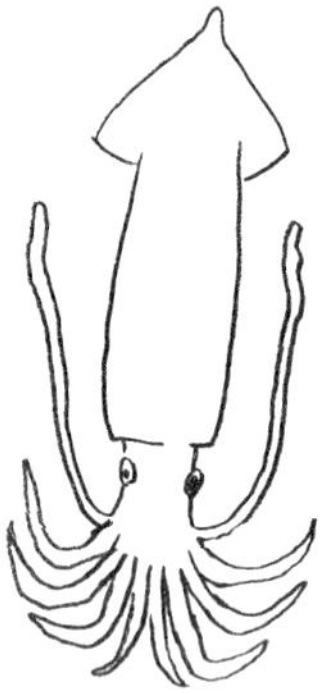

「いい塩梅」の義母の梅干し

佐塚純子　68歳

今年91歳の義母は70年も梅を漬けてきた。塩の量はしっかりと頭に入っている。梅10キロに対する塩の量が、梅1キロの塩の量の10倍になるかといえば、そうではないらしい。まさにいい塩梅がわかっている。

足腰が弱くなった今は指令塔役で、力仕事はリタイアした主人が請け負っている。実に手間と暇がかかる。一粒ずつのボチ（ヘタ）を取るところから、手順を書き始めるととても紙面が足りない。干すときには空ばかりが気になる。にわか雨は勘弁してほしい。お日さまはありがたいもので、割り箸を使って一粒ずつひっくり返し、表も裏も十分に乾かす。

作品はこの赤い宝石だけではない。色と香り

お日さまの下で輝く赤い宝石

づけに使った紫蘇は、カラカラに干してすり鉢ですり、網で漉《こ》してゆかりにする。無添加のこちらも友人たちに人気がある。梅を漬けた時にできる梅酢は、来年のための必需品である。どれもこれも、よそでは買えない、長年の技が詰まった貴重品ばかりである。

（静岡県静岡市）

母の愛情たっぷりのアップリケの傘

福田順子　72歳

子供の頃は戦後の貧しい時代でしたから、おしゃれには無縁の生活でした。その中で、母が古い傘を骨だけにして、赤いさくらんぼと緑の葉をアップリケした、黄色の木綿の布できれいな傘を作ってくれました。8枚張りで、さくらんぼは1枚おきに並んでいました。

当時は、カラフルな傘などない時代でしたから、黄色い色に模様があることが嬉しくて、雨が降るのを楽しみにしました。ちゃんと防水までしてくれましたので、雨漏りをすることもなく、自慢の黄色い傘となりました。

（東京都江戸川区）

玄関の緊張感と、日本の美しい暮らし

原 久子　60歳

子供の頃、子供たちが玄関から出入りできるのは、お正月や特別の日だけ。通常は勝手口からの出入りしか許されていなかった。来客があると何もない玄関のたたきに、お客さまの靴だけがきちんと並んでいた。いつからか、玄関はただの出入口化してしまい（特にマンション）、家族や子供たちの靴は散乱、三輪車、ゴルフバッグなどの置き場に。

かつて玄関だけではなく、座敷にも家具などはなく、床の間には花が生けられ、日常として日本の美しい空間があった。お正月は張り替えられた障子を通す光、その清い空間から「新年」が感じられた。封建的な暮らしをせよというわけではないが、楚々とした清潔で美しい、日本の暮らし方の心を大切にしていきたい。

（東京都大田区）

融《ゆう》通《ずう》無《む》碍《げ》の籐の籠

笹本君代　68歳

手先が器用で手芸好きだった叔母は、編み物、縫い物、革細工、籐細工など、実にいろいろなものを作り、人にプレゼントするのを無上の喜びとしていた。なかでも思い出深いのは、

40年使い続けている藤の籠

子供が誕生したとき贈ってくれた、円形の籐の籠。とても頑丈に出来ていて、昔はベビーベッド代わりや、農作業などのかたわら、赤ん坊を寝かしていたものかもしれない。子供のおもちゃ入れに使ったその籠は、40年経った今も現役で、入浴時の脱衣入れとして頑張っている。

（東京都目黒区）

夢中で遊んだ私たちの小学・中学時代

奥定瑞恵　75歳

取り立てておもちゃといったものがない時代、自分たちで考え、自分たちでお人形を作り、着せ替え服を作る。年長の友だちから受け継いだ作り方に、工夫を加え、年下の子たちに教えていく。友だちが集まっては大人の服を着たり、キモノをまとって「お姫様ごっこ」で遊ぶ。それがいつの間にか映画の真似に発展して、「劇ごっこ」に夢中になっている。畑や空き地に咲く草花をふんだんに使った、「ままごと遊び」も忘れ得ぬ思い出である。

中学校での休み時間は、運動場での場所取りに一目散に駆け出すことから始まる。「缶けり」「鬼ごっこ」「陣取り」「ボール遊び」と目いっぱい遊んだ。無邪気な時代だった。

すっかりおばあさんになった今も、当時の友だちとの強い絆を感じるのは、幼い頃の遊びの体験が大きく作用しているように思う。

（愛媛県松山市）

子供の頃の遊び

近藤麻衣　64歳

駄菓子屋　駄菓子屋にはお菓子以外におもちゃも売っていた。最初は毎日5円のお小遣いで、ぬり絵などを買っていた。ろう石で地面に絵を書いてよく遊んだ。端切れの布がセットになって、透明のセロハンに入っていた。何かに利用できる大きさではないものの、布の感触や材質、柄など、すべてが子供には新鮮だった。

　セルロイドの人形や椅子なども懐かしい。やがてお小遣いが10円になって、キャラメルのおまけを集めた。小学校の高学年になると30円になって、アニメのシールが入ったチョコレートがおやつになった。

あやとり　当時はそれぞれの家庭でセーターを編んだり、洋服を縫ったりすることが多かった。何度も編んではほどき、別の色の糸を合わせ、また新しいセーターに編み直していた。残った毛糸を少しもらって、「あやとり」をしてたくさん遊んだ。友だちとも出来るし、一人でも遊べる「あやとり」は今も、目をつぶっても出来る。好きな毛糸で、自分の手に合わせて長さを決める。「あやとり」は、忘れて欲しくない手遊びの一つである。

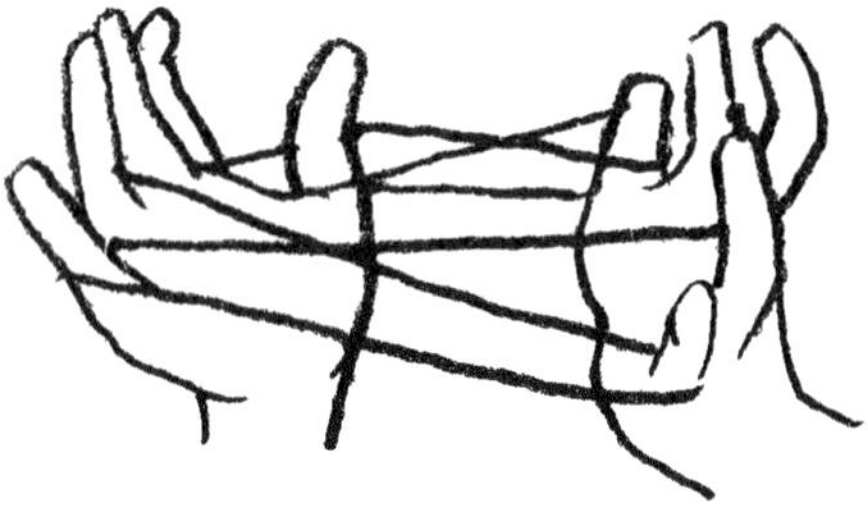

（東京都中央区）

たけしさんの工具箱

小山玲子　68歳

　亡くなった父は家業を継ぎ、医師になったが、本来は工学部に進学したかったという。工作やものづくりが好きで、特に、使用済みの容器や端材を工夫するアイデアは、いつも家族や周囲を驚嘆させた。家の中にもいろいろな〝仕掛け〟を設けて、時にはひんしゅくをかうこともあったが、父にとっては、多忙な医業の合間の息抜きだったのかもしれない。

たけしさんの工具箱

　当然のことながら工具もふんだんに揃え、中にはプロ仕様のものも。いつでも使えるようにと、手近な工具類や釘、ネジなどの小物類をセットにした工具箱をいくつも用意していた。父が遺してくれたものは、私たち家族にとっても、とても便利なツールだ。今も「たけしさんの工具箱」と呼んで重宝している。

（岡山県岡山市）

暮らしに彩りを添える、母の鎌倉彫

岡田信子　70歳

　多趣味だった母。その一つが、多忙な日々の合間に熱中した鎌倉彫だ。当地にも伝統的な木彫りがあるのだが、ある時、鎌倉在住の友人を訪ねた際に、目にした鎌倉彫に魅了された。友人を誘ってグループをつくり、鎌倉から月に一

母の作品。文机（左）と小箪笥（右）

度講師を招いて鎌倉彫を始めた。
一から手ほどきを受け、製作したのは切手盆、銘々皿、手鏡、丸盆などの小物類から、文机、小箪笥まで多彩。大作は何ケ月もかけて彫り上げ、鎌倉で塗りを施されて送られてくるのだ。いつも、どんな風に仕上がるのか楽しみにしていた。今でも銘々皿や茶托は、来客時には必ず登場。ほかの作品も、食卓と生活空間に彩りを添えている。

（香川県高松市）

いじめがない時代

栗原慶子　79歳

幼い時は、栃木県の茂木町の田舎暮らしでした。田んぼには、水入れ用の小さなきれいな川があり、蛍が飛んでいました。いつも中学生の、大きな子の後に続いて遊んでいました。いじめっ子はいなくて、皆で仲良く遊んでいた記憶があります。

現在は茂木市となり、近くにはホンダのテーマパークも出来て、にぎやかになりました。

（埼玉県飯能市）

湯たんぽのあったかい思い出

国長登美子　69歳

子供の頃、冬は布団の中に湯たんぽを入れて寝ていた。家族全員の金属の容器に母が熱いお湯を入れ、それぞれに、母が縫ったカバーをかぶせるのが私の仕事だった。足元に入れた湯たんぽのおかげで、朝までほんわかした暖かさに包まれて、寝ることができた。

そして湯たんぽには、もう一つ大事な役割があった。給湯器もなかった時代、湯たんぽのお湯は、朝の洗面に大活躍したのだ。まだ、ほんのり温かったお湯の感覚と、家族が並んで順番に顔を洗った光景は、今でも心温まる思い出として甦ってくる。

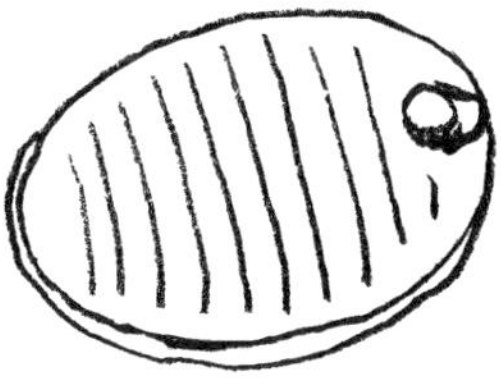

古タイヤの意外な使い道

運送業を営んでいた父はいつも大変忙しく、子供時代にあまり一緒に遊んでもらった記憶はない。そんな父が、仕事のわずかな合間に、子供たちをトラックの荷台に乗せて、連れて行ってくれたのは、近くの河原。仕事柄たくさんあった古タイヤを浮き輪代わりに、川辺や中洲で思う存分遊んだ。当時は川で泳ぐこともできる、のどかな時代。まるで映画「ＡＬＷＡＹＳ　三丁目の夕日」のような光景だった。今では川遊びは禁止されてしまったので、大切な思い出となっている。

（千葉県柏市）

お寺参りは、女の人の社交場

工藤リセ　70歳

お正月が過ぎた小正月やお彼岸、女の人に時間ができると、お寺参りに出かけました。その頃は女の人は家の中に居て、外へ出ることがめったになかったのです。でもお寺参りには、みんな奇麗におしゃれして出かけました。女の人たちの楽しみだったのです。

（岩手県岩泉町）

お福分け

近藤麻衣　64歳

大正生まれの義母は、茶道教室を開いていたこともあり、庭に茶花を植えて、楽しそうに花の名前を教えてくれた。また道端の草花でも、素敵に生けることがとても上手で、体を動かすことをいとわない人であった。部屋の模様替え、飾り物の配置換えなどを頻繁にしながら、新鮮な雰囲気を心がけていた。頂きものなどがあると、たとえ少しでも「お福分け」と言って、必ず紙にくるんでお客さまのお土産にした。私も、お福分けを心がけている。

（東京都中央区）

いつの日か、身に着けて街へ

生方すず　76歳

戦時下、空襲を受けましたが疎開しなかったため、大切な品の多くは失われてしまいました。わずかに残されたものの中に、亡くなった母親（明治43年生）の時代物の着物などがあります。体育会系の私ですが、いつの日か、この着物を身に着けて街へ出かけたいと思い、誰にも渡さず大切に保存しています。

・黒が基調の縦縞の着物。色づかいがモダンで、とても気に入っています。

・黒地の夏帯。川辺に水鳥が描かれ、紗を重ねた二重仕立て

（静岡県静岡市）

凛とした、立ち居振る舞いに憧れて

中野美幸　68歳

大正生まれの母は、私が中学生くらいまでは、普段もよく着物を着ていた記憶がある。授業参観、担任との個人面談など、ちょっと気張ったときには、必ずきちんと着物を着こなして現れた。

普段は忙しく立ち働いている母だったが、訪問着で装ったその姿には、凛とした風格が漂っていた。子供心にも、立ち居振る舞いが美しく思えて自慢だった。私自身は、着物とは縁のない生活を送ってきた。改めてこの年代になって、直線なのにどんな体型にも合わせられ、模様や色の粋な組み合わせが楽しめる、和装の魅力に気づかされている。母から譲られた大島紬は、大切にしまい込んでいるが、普段の暮らし

の中で着る機会をつくってみようと思う。

（神奈川県綾瀬市）

おもちゃのアコーディオン

山本かつえ　75歳

思い出すのは、小学生の頃に親しんだおもちゃのアコーディオンだ。誰から貰ったものか分からない。家計は裕福ではなかったので、親が買ってくれたとは思えない。おもちゃのアコーディオンだから、子供が持てるくらいの小さなものだったが、音階はしっかりしていた。私は、歌が好きだったので、知っている歌を夢中で弾きながら遊んだ。おかげで音感が鍛えられたことは確かで、今の趣味を支えてくれている。

（東京都新宿区）

心を癒《いや》してくれたガーデニング

村田和代　72歳

約30年前、海外勤務の夫について5年間をフィリピンで過ごした私。用意された住宅は、外国人専用の住宅区域にあり、広い庭付きの大きな一戸建て。おまけに、メイドと運転手兼庭師の執事付きだった。

日本では考えられないことだが、現地ではそれが当たり前。幼い子供二人を抱えて、初めての外国暮らしというだけでも大変！〝使用人〃がいる、という生活環境は大きなプレッシャーとなった。一刻も気の抜けない生活の中、私を癒してくれたのは、庭をいつも美しく手入れしていた執事だった。

花や植物のことをいろいろ教えてくれ、ガーデニングの楽しさを気づかせてくれた。日本に帰国後、私のガーデニング熱は一層高まり、市のコンテストで受賞することも度々だった。知らず知らずのうちに身についた、フィリピン特有の美意識や色彩感が、私の庭の個性になっていたのかもしれない。

(千葉県佐倉市)

消費より、豊かな創造の時

原 久子 60歳

学生の頃、友人の机をナチュラルな感じの北欧調にしようと、机と椅子の塗装を鑢《やすり》でこすって落としていたら、白々と夜が明けるころ完成。レースのカーテンからこぼれる朝の光が、家具にあたって友人と大満足。次の機会には、ジョニ・ミッチェルを聞きながら、麻紐を染めて編み、ヒッピー風バッグを作り上げた。

親には受験勉強といって、友人宅でそんなことをしていた豊かな時間。先日、40年ぶりにその友人と一緒に洋服を縫い、「お金で買うより作る方が楽しいよね」と語り合った。

(東京都大田区)

自然の中で癒《いや》される音楽サロン♪に

佐々木摩季　62歳

　両親が、自然を満喫しながら居住していた家を改築し、長年の夢であった音楽サロンを昨年オープン。両親の名前から一字ずつ取り、「かみ風船」と名づけた。子供たちも独立し、仕事も退職して、夫婦だけの暮らしになったときだった。

清らかな自然と、美しい音楽に包まれる癒しの空間

　学生時代の師匠の言葉、「ピアノは仕事にするより、楽しいとき、悲しいとき、悩むときに、弾くことが出来るのが幸せだよ」に感動。それ以来、ピアノの音色に癒されてきた。家事、仕事、人間関係にストレスが多くなればなるほど、ピアノの音色に引きつけられていく。

　今夢見ることは二つ。一つは、「・・・ねばならない」から解放され、自然の移り変わりとともに深呼吸する。近距離で生演奏の美しい音色を聴きながら、ポジティブな会話を楽しみ、美味しいコーヒーを飲める場所を作りたい、ということ。

　二つ目は、夜空の星や蛍の光を眺め、月の光を浴びながらピアノコンサートが出来たらと思っている。

（岡山県岡山市）

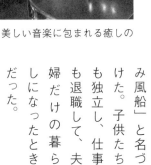

生涯、女性の美しさづくりをお手伝い

川端郁子　92歳

1965年、P化粧品のセールスレディとなり、3年後、岡山駅前に営業所を開設（のち自宅敷地内に新築移転）。営業所長として、10名ほどの販売員を擁して営業を続けた。当時は一軒一軒訪問販売するやり方だった。「高級品」のイメージが強いこともあり断られることが多く、なかなか受け入れられなかった。

接客業未経験の私は、人づき合いも営業トークも不得手。しかし誠意で対応するうちに信頼されて顧客が増え、成績優秀者として何度も全国表彰された。近年、会社の経営陣刷新に伴い、イベント会場などに集客して販売する、効率重視の営業方針が導入された。私たちの時代との、大きな隔たりを感じている。

2016年末、51年間続けてきた営業所を閉鎖したが、今も古くからの顧客とお付き合いを続けている。現在92歳、岡山県下では最高齢だが、全国では珍しくない。100歳の現役販売員もいる。

時代も経営方針も変わったが、私流に美しさづくりのお手伝いを続けるつもりだ。

（岡山県岡山市）

マイカーは、親孝行の助っ人役

新田敏子　68歳

実家は果樹園を営んでいたが、両親も高齢になって重労働がきつくなり、後継者もいなかったので廃業した。その後、私は時どき実家まで様子を見に通っていた。車がなければ買い物

や、移動にも不便なところなので、電車で帰郷しても、行動に難儀していた。そこで、55歳を過ぎてから一念発起して、自動車免許を取得し、中古のマイカーを購入。それからは気ままなドライブ旅行をかねて、しばしば実家まで往復。買い物、病院への付き添い、友人や親戚の訪問、日帰り温泉旅行などに車は大活躍。

ときには足腰が弱った両親を連れて、泊りがけで各地の温泉めぐりも楽しんだ。車は私と両親をつなぐ、親孝行の助っ人になってくれた。両親ともに亡くなった今は、空き家になった実家の見守りと、墓参りに通っている。

（埼玉県戸田市）

和裁の技で続くご縁

佐藤郁枝　86歳

長い歴史を誇る温泉地で、旅館を営む三代目に嫁いで以来60年間、女将として、20年前に主人を亡くした後も一人で暖簾を守って来た。部屋数5室の小さな宿だが、家庭的なおもてなしが好評で、冬季は旬のカニの味を求める常連客で賑わった。

得意の和裁を生かして、宿で用意する浴衣はすべて私の手作り。特に女性客には大好評だった。

高齢になり、後継者もいないため2年

古い着物が巾着に蘇り、新たな出会いを紡ぐ

前に廃業。惜しむ声は数多く寄せられたが、女将としての役目を果たしきったので悔いはない。今は和裁に精を出す日々。着物をほどいて作った袋物を、なじみの方やかつての常連客の方たちに送っている。お礼にと名産を届けて頂いたり、旅のついでに立ち寄って下さったりと、ご縁は今も続いている。針を持つ手が動く限り、袋物作りは続けるつもりだ。

（兵庫県豊岡市）

手を動かして、脳の働きを活性化させる

亀井 緑 65歳

几帳面だった父は、大型家電から小さな工具に至るまで、ありとあらゆるものに購入した日付を書き込む習慣があり、懐中電灯の乾電池まで手を抜かない徹底ぶりだった。子供の頃は、なんだかおかしく感じていたが、今では同じような習性が身についていることに気づく。

手をこまめに動かしてメモし、周囲の家財や道具の寿命を意識しておくことは、認知症防止にも役立つのではないかと感じている。

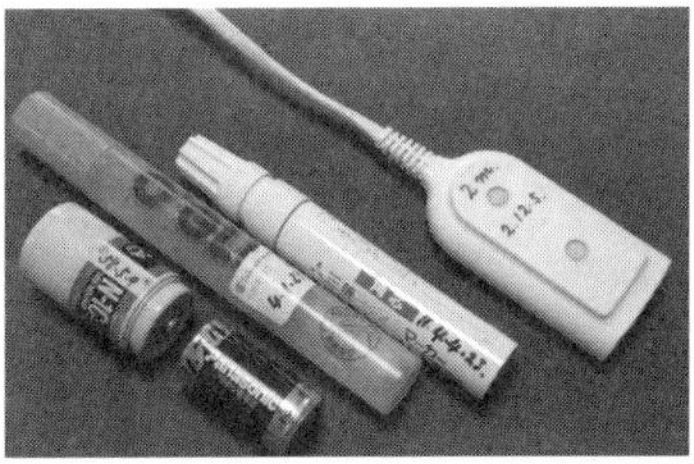

乾電池、延長コードのタップ…なんでも日付入り

新しい場で蘇る古道具たち

かつては冠婚葬祭を自宅でとりしきっていた時代。旧家に育った私は、大勢の来客用の陶磁

花瓶と植木鉢の簡単アレンジ

器、漆器、箱膳、手火鉢などの道具に囲まれて育った。すでに主を失ったそれらの多くは、処分される運命にあったが、四合とっくりは花瓶に、手火鉢は観葉植物の植木鉢に、茶道具の建水はワインクーラーへと、我が家で新しい命を吹きこまれ活躍している。

（神奈川県横浜市）

新聞紙の活用

長谷川幸恵　67歳

今では、新聞紙がない家庭もあるらしいが、かつては生活の中の便利グッズでもあった。我が家では、新聞紙を濡らして小さくまるめて、玄関にまいて箒で掃く行為は受け継いでいる。

また窓ふきも、便利な道具が百円ショップで購入できるが、その道具よりも新聞紙でこする方がきれいになる。その他にも小さい頃、母は鍋を新聞紙で包み保温したり、室内で洗濯物を干した時には水分を吸収すると、まるめた新聞紙がいくつか転がっていた。

（東京都武蔵野市）

家族の一員、変り者オウム

川端郁子　92歳

2年前に亡くなった夫は、定年までの約40年間、巨大商船のパーサーとして世界中の海を巡ってきた。一度航海に出ると、数か月、長ければ1～2年帰宅できない業務の中、世界各国の寄港地で入手した貴重な民俗資料や民芸品を持ち帰った。膨大なコレクションが我が家の一室を占有している。

どれも思い出深いものばかりだが、最高のお土産は、50年前パナマで入手した大型のオウム。当時は購入し持ち帰ることが可能だった。ヒナで我が家にやってきたオウムは、それ以来大切な家族。熱い豆腐の味噌汁が大好物という変わり者オウムと、ケンカしながらも仲良く暮らしている。

（岡山県岡山市）

夜なべで作った豚のぬいぐるみ

福田順子　72歳

母は手先が器用な人でした。毎日、食事が終わると、何か手作りのものを作っていました。それを見ていた私は何かを作りたくて、母に頼んでぬいぐるみを作ることにしました。初めての手仕事は、なんと「豚」のぬいぐるみでした。どうして豚になったのかは覚えていませんが、きっと、中に綿をたくさん詰めると豚らしくなる、という発想だったのでしょう。古い寝巻きの身頃を利用したピンクの太った豚ができました。最初の手芸作品でした。

その後、ビーズで指輪を作ったり、お人形の洋服を作ったり、母と昔話をしながらの夜なべ仕事は大切な思い出となっています。

（東京都江戸川区）

母であり、師匠である、メイ牛山は太陽のような人
私の感性を育ててくれました

INTERVIEW

ジェニー牛山さん　71歳

ハリウッド美容専門学校校長
ハリウッド大学院大学教授

素敵なパートナーだった父と母

ハリウッド美容室というと皆さん母をよくご存知です。、実はパートナーだった父の牛山清人が立役者で、ハリウッド美容室、化粧品会社、美容専門学校を創設しました。演出家と役者さんという感じでした。父は俳優になりたくて、17歳でアメリカに渡っ

て、ハリウッドで仕事をしました。ハリウッドで女優や俳優を見ていましたから、そこで学んだことが日本で美容室をやろう、というきっかけになりました。名前も、父がハリウッドにいたことに由来しています。

父は、考え方が新しくてアメリカ的。その上スマートで華やかな存在、白いスーツを颯爽と着こなし、社交界の花形でした。

その頃、母はハリウッド美容室の売れっ子美容師で、それを見込んだのか、父が12歳年上でしたけれど、昭和14年に結婚しました。父と母は、いつも夫婦一緒に行動していました。生涯そうでしたね。

昭和30年代は、父と母は一年に一回、三ヶ月くらいアメリカやヨーロッパへ出かけて、欧米の美容文化や技術などを日本に取り入れていました。その頃は船旅やプロペラ飛行機の旅ですから、今と違って、簡単には行けませんでしたけれど、とても美容の仕事に意欲的だったと思います。

アメリカ時代の父・牛山清人氏「ハリー」表紙

昭和2年、銀座に美容室をオープン「映画俳優は〝ハリウッド〟に行く」と言われました

創立した初期の頃から化粧品・美容室・美容学校がハリウッドの三本の柱としてありました。パーマネントの技術と機械を、日本で初めて導入したのはハリウッド美容室。父は関東大震災の直後にアメリカから帰国。最初は神田の学生街に美容室を開いたのですが、周りは学生でしたから、高級美容室をやっても人が来ませんでした。

この時に出会ったのが、キリスト教の牧師のポール・ラッシュ博士。博士は大学教授でもありました。「美容室をやるなら、まず、ひと夏だけ、軽井沢で開いてお客さんをつかんで、銀座でやりなさい。夏の軽井沢には女優さんや、有名人がたくさん避暑に来ていますから」。父は博士の言葉に従って、ひと夏だけの美容室を開くと、口コミで

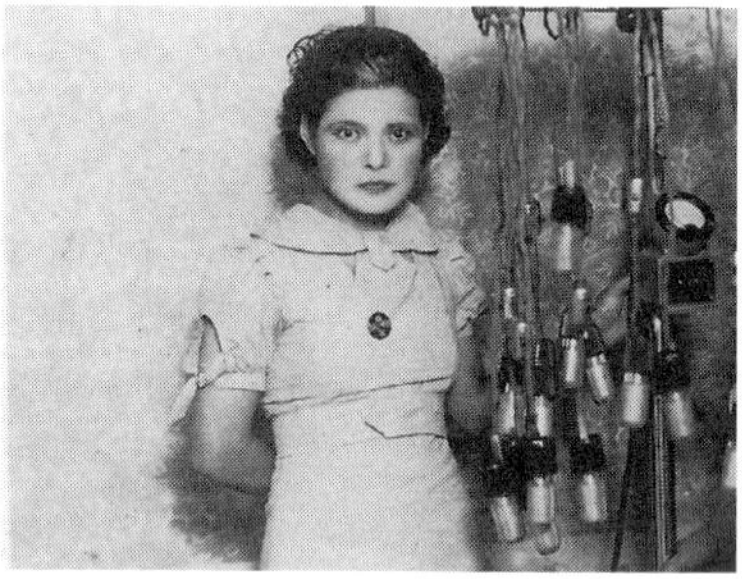

売れっ子美容師時代のメイ牛山

大変な評判になりました。昭和2年に軽井沢から戻り、銀座に「ハリウッド美容室」をオープン。当時「映画俳優は〝ハリウッド美容室〟へ行く」と言われたほど、大勢の映画俳優さんたちがいらしていたようです。

その後、化粧品の製造も始めて、まつ毛、眉毛の育毛剤、続いてマスカラを販売しました。まもなく、太平洋戦争が始まって「ぜいたくは敵だ」という時代が来て、「パーマネントはやめましょう」という標語が生まれました。女性のヘアスタイルは、前はカールを三つまで、後ろはワンロール、これは「鉄かぶとスタイル」と呼ばれて、それ以上のカールはつけてはならないというおふれが政府から出たほどです。

戦後霞町にあったハリウッド美容研究所

戦争中は長野県に疎開して、私はそこで生まれました。東京に戻り再開の場所を探していたとき、母が六本木（霞町）の焼け跡に、素敵な煉瓦の建物を見つけました。その美容室が「ハリウッド・ビューティー・サクセススタジオ」。名前が素晴らしかったと今でも話題になっています。

「ジェニー」は本名、自分の名前が恥ずかしい時もありました

「ジェニー」は、私の大伯父、中央気象台長の藤原咲平博士が名付け親です。その頃、台風にアメリカ風の女性の名前をつけるのが流行っていて、「ジェニー台風」に由来しているそうです。

私は、小学校で牛山ジェニーなんて呼ばれると、自分の名前がすごく恥ずかしかったです。でも、今ではよかったと思っています。チャーミングな名前だし、一回聞くと忘れられないようですね。

この台風はいい風と雨を降らせて、そのおかげで農作物が豊かに実ったそうです。みんなに幸せを与えてあげる人になるように、という思いを込めて付けて下さった名前なんです。ですから私は本を書くときも、美容学校でも、自分がいることでみんなの役に立つようにと、いつも思っています。名付け親の気持ちが伝わったんですね。

太陽のようなパワーを持った母の大きな愛情に包まれて育ちました

母に「どうして毎日が楽しいんですか？」と聞くと、「好きな職業を選んだからだ」と言っていました。「美容が好きだから、大変なことでも大変だと思わない」と。「楽しくってしょうがない」と、本当に思っていましたね。

東洋英和女学院小学部の、入学式から戻って母と

母は顔立ちも日本人離れしていましたけど、母親としても、いわゆる日本人的なお母さんとは違いました。とても客観的で冷静で、子供だから悩みごとを言うと、「メソメソしてるのは嫌いだ」と言われました。普通なら子どもの味方でしょうけど、そうではないんです。

性格は母と私は対照的。母はすごくカラッとしていましたが、私はどちらかというと父親似で情緒的。ところが、だんだん歳をとってきたら、母の気持ちがわかるようになりました。母は、すごいパワーがあって、まるで太陽のような人でした。激しさと強さを持っていました。でも、それくらい激しくて、強くなければ、日本の美容界を引っ張ることはできなかったと思います。

母と私は師匠と弟子でもありました。いつも師匠を見て、師匠のようにならなければと思っていました。追いつき追い越せと。それが励みになって、ずっと仕事を続けて来られました。母のおかげですね。

肉中心の食事から野菜中心の食事へ食事は美容にとって、とても大切です

母からは、食事の大切さを教えられました。そして、それを56年以上続けています。母は料理が大好きで上手でしたので。今度出版しました『美と健康のレシピ』にも、母から教わった料理がたくさん入っています。

園遊会で母メイ牛山と

私が子供の頃は、父がアメリカの生活が長かったので、我が家は肉食が中心。でも、私が16歳、母が50代のときに自然食に切り替えました。母が、自然食研究家の栗山毅一先生とお会いして、先生から「お宅のような食生活は、体調を崩す原因になりますよ」と言われたんです。

母のすごいところは、間違っていたと分かったら、すぐに、180度転換して切り替えたこと。徹底的にやるすごさは、さすがプロフェッショナルです。私はその食生活を16歳から母と始めて、食事療法を一緒に学びました。

メイ牛山のポリシーは三大排泄美容。美しくなるには三つの大きな要素があります。一つは外からの美容で、メイキャップやお肌のお手入れ、髪の毛の手入れ。次は食事、身体の中から食べ物で綺麗になること、もう一つは心の美容で、明るい気持で生きること。この三つの要素で人は綺麗になるという考えです。晩年は食事の大切さを語って、テレビでも大活躍しました。

感受性の豊かさを育ててくれた母との会話

花を見ながら、「みんな、それぞれ何の花に似てるかしら？」そんな話をしました。母は泰山木のようにどんどんと構えていて、真っ白い大きな花を咲かせているようにも見えるし、ダリアのように色鮮やかにも見えました。父は糸杉のように、激しいけれど純粋で潔癖な人。私はというと、向日葵《ひまわり》みたい。いつも太陽があるとそこに向かって、一生懸命生きる人なんです。

こんなこともありました。北海道に旅行したとき、向こうに見える山が、だんだん夕焼けに染まって行きました。汽車の中から、二人で雄大に広がる美しい夕焼けと山々を見て、「このような美しい自然は誰がつくったのでしょう」と話し合いました。

母が亡くなる前、入院していたある日、空にピンクのきれいな夕焼け雲がいくつも浮かんでいました。母に知らせたいと思い、病院に駆けつけると、母は病室の窓から、夕焼けを見ていました。看護の方が「お母様が見て、とても綺麗だとおっしゃってますよ」と。同じ夕焼けを見て感動することができて、とても嬉しい思い出です。

自分が体験したことを若い世代に伝えたい

母から学んだことや自分で体験したことをみなさんに伝えたい。私は母と一緒にいたので、母のいろいろな面を見ました。大変なこともありましたけれど、それが解決したことをきっかけに、前より良くなってきます。何があっても相手を憎むのではなく、相手のために祈る気持があれば、和解が生まれ、新しい路が拓けると言っていました。

そして、何と言っても伝えたいのは、食事の大切さです。こんなふうに身体の調子が悪いときには、こういうものを食べればいい、ということを研究してきましたので、それを伝えたい。以前、家族が体調を崩したとき、食事を変えたら7年で健康になりました。そういう私の貴重な体験を伝えていきたいと思っています。

ジェニー牛山（ジェニー　うしやま）

1946年生まれ。美容家メイ・ウシヤマの長女。東洋英和短期大学卒業。メイ・ウシヤマとともに、美容理論、美容健康食の研究、さらに美容文化論を研究。現在、ハリウッド美容学校校長、ハリウッド大学院大学教授など。著書『美と健康のレシピ』『美・健・食入門』『ビューティーブック』『歴史を織りなす女性たちの美容文化史』他。

私が伝えたいこと

好きなことをやり続ける音楽があるから元気で健康

松本紀子さん 94歳
鎌倉女子大学学園主

才能を認めてピアノを習わせてくれた母

母は福井のお寺の生まれですが、とても新しい考えを持った人でした。その頃は、どこの家でも食事はお膳でいただきましたけど、子供たちが汚すからと言って、部屋を板の間に変えてテーブルに。我が家には応接間もありましたし、トイレもいち早く水洗に。お客様がみえると、使い方がわからず戸惑っていました。どこで身につけたのか、母は進取の気性に富んでいました。明治の女性らしく、勝気で、しっかり者でしたが、人がいいということは何でも実行する人で、私はそれを受け継いでいます。

物心ついた時から歌とピアノが大好きでした。1円50銭でレコードを買って来ては蓄

ピアニストに憧れた女学校時代

音機で聞き、自分で紙の鍵盤を作って一生懸命弾いて。毎日やっていたら、バイエルが弾けるような気がしました。それを見ていた父が、文部省在外研究員として、イギリスへ出張することになった折り、そのお土産にピアノを買ってくれました。ピアノが来たのがうれしくて！　それからピアノを弾き続けたことが、今日に繋がっています。昭和16年に戦争が始まり、ピアノを弾くような状況ではなくなり、音楽学校は断念。でも、その時「戦争が終わったら、一流の先生につけて、一生音楽ができるようにしてあげるよ」と母が言って、実現してくれました。確信に満ちたその言葉を今も覚えています。

今も現役　大学で教えています

学園主という役職は今までありませんでしたけど、学園の母とでもいう意味でしょうか。毎年、鎌倉芸術館のホールで１５００人を集めて講義をします。それを続けるこ

「二楽章コレクション」でモーツアルトのピアノ協奏曲　第21番より第二楽章　映画『みじかくも美しく燃え』テーマ曲を弾く
鎌倉女子大学　二階堂学舎にて
(2018年6月)

とが私の目標であり仕事。学生とのお付き合いは楽しいもので、みんな喜んでくれています。昨年は、みんなで「かえるの歌」を輪唱。人数が多く、すごいスケールなので、初めて参加した学生は驚いたようです。

近々、二楽章ばかりを集めたピアノコンサートを主催します。二楽章というのは、どの曲もとてもメロディックで素敵。問題なのは、その会で私がモーツアルトを弾くか、弾かないか。94歳のおばあさんが弾いたら、みんなびっくりすると思うの。

ピアノを弾いたり歌ったり、続けていられることがあるのはとても幸せ。健康にもよくおかげで元気でいられます。（2018年5月談）

（神奈川県横浜市）

松本紀子（まつもと　のりこ）
1924年生まれ。東京府立第二高等女学校（現・都立竹早高等学校）、東京家政学院卒業。50年京浜女子大学（現・鎌倉女子大学）学祖・松本生太の息子・松本尚と結婚。夫と共に鎌倉女子大学の発展に尽力。現在は学園主として後進の指導にあたる。国際ソロプチミスト鎌倉発足以来、会員として40年以上にわたりボランティア活動を続ける。

暮らしを伝える

季節ごとの家族の行事、地域の伝統行事、先人の生き方や人生訓など。祖父母から親へ、親から子や孫へ、代々受け継がれることで、暮らしの記憶は繋がってきた。戦争体験のように、決して風化させ、途切れさせてはならない記憶もある。これから何を伝え、何を残すべきか——それぞれの物語から読み解くことができる。

身に着けて、思いを受け継ぐ

黒木春子　62歳

愛着を感じるのは、身近かな人との思い出が残ったもの。亡き母から譲り受けた指輪や、ネックレスを入院の際に身に着けたり、有能だった元上司から頂いたイヤリングを、大切な仕事で緊張する時に身に着けたりしている。それらは気持ちが落ち着くような気がして、お守り代わりになっている。

先日、母の遺品を整理していたときに、父が欧州旅行をしたとき、母への土産として買ってきたブローチが出てきた。有名なブランド品ではないが、お洒落には全く無縁な父が、母のために購入したものだと思うと、微笑ましい気持ちになった。

最近、姪が来た時にそのブローチを譲った。紫と青の色石のついたブローチは、今では古めかしいデザインだが、年下の姪にはかえってアンティークな雰囲気が良いのか喜んでいた。高級ブランドものや高価な宝飾品には、ご縁がない我が家だが、思い出のあるものは、箪笥《たんす》の肥やしにせずに身に着けて、故人の思いを感じたいと思っている。

（東京都品川区）

母から娘へ伝える着物の魅力

藍田恭子　80歳

母が着物好きだったのと、病弱で通院が絶えなかった私は、幼少から着物を着せられて育った（着物だと診察の時、胸がすぐに開《はだ》けられるので）。そのせいか着物には安心感があり一番心地よい。それに着物は紐が四本あれば着られ、羽織をはおればお太鼓も必要ない。手軽で魅力的な衣服だ。

　娘二人にも受け継いでもらいたいと、折々に私の着物を着せ、和服の魅力を語っていたが、二人とも全く興味を示さなかった。着物好きな私の手元には、自分のものと共に母と妹から譲り受けた着物もある。この大量の着物たちは、私がいなくなったらどうなるのだろうと、心細かった。子育てが一段落し、暮らしにゆとりが見えはじめた娘たちが、「そろそろ着物を着ようか。この着物は私がもらう」と言い出して嬉しく思っている。

着物を着た子供の頃の長女と次女

受け継いだ、桐の家紋を次代へ

　今は、嫁ぎ先の紋を付ける場合が増えているようだが、昔は母親の紋をもらって嫁いでいた。そのため紋付で、その女性のルーツを知ることができた。私が、母から受け継いだ女紋は「五三の桐」。偶然なことに、嫁ぎ先の紋（男紋）にも桐の文様が入っていた。長男は男紋を継ぎ、長女と次女には私の紋で、着物などを誂《あつら》え嫁がせた。さらに偶然が重なり、長男の嫁の紋も桐が入っていた。

　現在の我が家は桐だらけである。昨年ネットオークションで150年間、蔵に眠っていたという桐の絵柄の重箱を見つけて落札。申し訳ないほどの値段だったが、出品者は桐の縁をたいそう喜んでくれた。正月には三家族が集うので重箱を囲みながら、孫たちにも家紋の縁を話して聞かせたいと思っている。

（岡山県瀬戸内市）

桐の紋入り五段重と、その蓋の内側（左右）

お正月のお餅

近藤麻衣　64歳

当時は必ずお正月には、玄関先に国旗を立てた思い出がある。

私の住んでいた地域は福岡の新興住宅地で、すでに近所の店では、工業用の大きなステンレスの機械で餅をついていた。暮れも押しせまり、大鍋にいっぱいの小豆を入れて火鉢で餡を作り、もち米と一緒に持っていって餡餅にしてもらった。お雑煮用の丸餅、のし餅、鏡餅と長い木箱が六つほど重ねられて家に届けられた。餡餅は硬くなったら火鉢で焼き餅に。のし餅は冷えてから四角に切って、焼いて砂糖醤油をつけたり、きな粉餅にしたり、最後は薄く切って火鉢であぶり、おやつのかき餅になった。

無尽は、母たちのコミュニケーション

大人になるまでその意味は分からなかったが、定期的に近所の主婦が各家に順番に集まって、世間話をしていたのを覚えている。私は末っ子で物心ついたときには、いつも母親と行動を共にしていた。毎回お茶請けとして、大皿にいっぱいの沢庵《たくあん》が盛ってあり、それを少しだけ頂くのが楽しみであった。

無尽は、毎月の積み立てをすることが目的であったが、それがコミュニケーションの場となっていたことは間違いない。私は母と一緒に各家を訪ねたので、今でも他の家の間取りを何となく覚えている。その理由が最近になってわかった。

（東京都中央区）

父の餃子が繋ぐ、身内の絆

石田由美　64歳

中国の青島で生まれ育った父の得意料理は、住み込みの料理人から教わった本場仕込みの餃子。餡を包む皮まで手作りする凝りようで、独身の頃も、家族のためによく作っていたらしい。自分の星座は「ギョーザ」、と公言して周囲を笑わせていたという。

結婚後は母がその作り方を受け継ぎ、我が家の定番の味となった。結婚して実家を出てからは、私がその技を受け継ぎ、身内が集まる正月に大量に作ってもてなしている。この味は娘にも伝え、一族の絆としてできるだけ長く繋いでいきたい。

（東京都町田市）

祖父母から受け継いだ、煮豆とお茶

奥定瑞恵　75歳

明治中期生まれの祖父母は、90歳代で亡くなるまで二人で綿屋を続け、目と耳は年相応に弱くなっていたが健やかだった。いつも薄味の煮豆がほどよく炊かれていて、訪ねていくと祖母は、「お豆さん食べる？　身体にいいによ」と、実に自然体で出してくれる。

祖父はといえばケヤキの角火鉢の前で、誇らしげにお煎茶を本格的に入れてくれる。孫の私にも、日常の時間の延長で温かくもてなしてくれた。少し戸惑いながらも大人に交じって、どこか誇らしい気持ちでお煎茶を頂いた。

明治44年生まれの母も、祖母の影響で煮豆をよく作ってくれた。今のように豊かな食ではなかったが、煮豆のそばにはいつも急須で入れてくれる、美味しいお茶があった。

現在、私も煮豆とお茶の細やかな伝統食を、子や孫に伝えたいと思っている。「ばあちゃんのいれたお茶は、甘いね」という孫の表情を誇らしく感じながら……。

（愛媛県松山市）

万能の梅エキス

佐塚純子　68歳

嫁いで初めて、梅エキスなるものを知った。義父母が毎年作っていて、真っ黒なコールタール状で、ほんの少し舐《な》めてもかなりすっぱく殺菌効果は抜群である。お腹の具合が悪い時によく効くと教わり、子供たちもたいそうお世話になった。

作り方はシンプルだが、根気と時間が必須である。青梅を割って、種を除き実だけにする。これだけでもコツがいる。義父が工夫した、厚い板を使って二人がかりで行う。その実をジューサーにかけ、汁だけを土鍋に移し、コトコトと弱火で沸騰させる。焦げ付かないように、杓文字《しゃもじ》でずっとかき混ぜる。

数日繰り返すと始めは水のようだった汁が、やがてドロドロになり、最後は杓文字で練る状態になって完成。鍋いっぱいだった汁が、「これだけ？」と思うほど少量になる。

お腹にはもちろん、のどや風邪気味のときにもいいと信じ、小さなガラスびんに入れて大切にしている。

（静岡県静岡市）

雛人形を飾り続けて

娘は、両方の祖父母の初孫だったため、初節句には私の親からだけでなく、多くの親類からも人形を頂いた。七段飾り、親王飾り、木目込み雛段、他にもガラスケースに入った日本人形など。当時は3DKの社宅住まいだったが、五畳ぐらいの部屋いっぱいに飾った。

我が家の歴史とともに歩んで来た雛人形

家を建てて、移った後も毎年飾ってきた。そのたびに贈ってくださった方々の気持ちを思う。スチール段や大きな箱は重いので、主人が積極的に動いてく

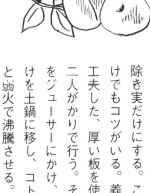

れることに感謝している。娘が嫁いでからも、「年に一度くらいは出しましょう」と続けている。

実は主人の天神様もまだある。主人が生まれた当時は、三月の節句には長男にも天神様の人形を贈る習慣があったという。数年前からは、隣にある主人の実家でまた天神様も飾ることにしている。実にいいお顔である。

（静岡県静岡市）

想いと好意に支えられてきた、街中食堂

有松美保　73歳

私が生まれる前から、商店街で父が営んでいた食堂は、料理人を数名抱えて繁盛していた。やがて、再開発で統合されたビルの2階に移転した頃、父が死去。料理人もやめてしまい、それから30年間、姉と二人三脚で店を切り盛りしてきた。

姉は性格も見かけも〝肝っ玉母さん〟。お客さんの対応、経理、商店会や町内会のつきあいなど一手に引き受けてくれ、私は厨房にいればよかった。その姉が7年前に病没し、あまりの衝撃に閉店を考えた。

常連客や姉の親友の「店をやめたらだめよ」の声に後押しされ、なんとか立ち直った。今はランチのみの営業だが、それでも一人で全てをこなすのは大変。しかし、お客さんが配膳や片付けを手伝ってくれたり、友人が掃除に来てくれたり、姪も経理を見てくれた。多くの人に支えられ、店があってよかった！とつくづく感謝の日々。いろいろな人の想いが詰まった店を、できる限り続けたいと思っている。

（香川県高松市）

一家総出の大掃除

信澤昭子　74歳

今でも思い出します。抜けるような青空の秋の一日。一家総出で、朝早くから始めた大掃除。その日は、別々に住む叔父や叔母たちも集まりました。5〜6名の大人たちが、男は頭を手ぬぐいで縛り、女は白い割烹着に身を包み、手ぬぐいを姉さん被りにして、「よいしょ、よいしょ」と掛け声をかけ、家具を外に運び出します。畳も全て上げて、外でお日さまに当てます。パーン、パーンと畳を叩く音が、澄み切った青空にこだまして、何とも言えない爽やかな気分になりました。

お昼は郷土料理のおっ切り込み（太いうどんに沢山の野菜を入れて煮込む）を皆で輪になって食べます。午後はガラス窓を磨き、障子を張り替えて終了です。何をした訳でもないのに、子供心にワクワクした記憶が残っています。今ではすっかり見られない光景になりました。

（千葉県柏市）

足踏ミシンと母の姿

長谷千恵　75歳

我が家には、一台の黒い頭の足踏ミシンがあり、母は毎日そこに座って、カタカタと気持ちのいい音を響かせていました。内職をしていたのだと思います。

白いカッターシャツの襟元を、目打ち一本を上手に使って、あっという間に仕上げます。手伝いたくても、手を出させてもらえませんでした。子どもたちの服も、着物や布団をほどいて作ってくれました。今、私はコンピューターミシンを使って、趣味の洋裁を楽しんでいます。母の姿から自然に教わったことでしょう。

（長野県塩尻市）

防空壕から両親を助け出した父

福田順子　72歳

大人は、戦争の話をあまりしたくなかったのでしょう。両親は悲惨な話はしませんでした。その中で、父が親孝行だったことを示す逸話は、防空壕から両親を助けた話です。

自宅の庭にあった防空壕に、祖父母や叔母たちが身を隠していたところ、防空壕の入り口を覆っていた木の蓋に火がつきました。父は見回りをしていて、かなり火が回ったところで気づき、中にいる両親を助けたい一心で、素手で火のついた木の蓋を取り除き、助け出したそうです。自分では話しませんでしたが、祖父母から、命があるのは父のおかげと聞かされて、寡黙な父を少し自慢に思いました。

愛しそうに赤ん坊を抱いたアメリカの軍人さん

戦後の話です。生まれてまもない私を抱いて、母は汽車で実家に帰省しました。その途中、車両を歩いて来たアメリカの軍人さんが、母の前で立ち止まりました。敗戦から半年も経たない時ですから、敵国の軍人は何をするか分からないといわれた頃です。母は赤いおくるみの私をぐっと抱きしめて、何が起こるかとドキドキしたそうです。

すると軍人さんが英語で何かをしゃべり、通訳が「自分にも生まれたばかりの子供がいる。抱かせてくれないか」と言ったそうです。周囲の人も緊張し、母は盗られるのではないかと恐怖でいっぱいでした。私を彼におずおずと渡したところ、その軍人さんは愛しそうに抱いて、「サンキュー」と言って頭を下げたそうです。母はもちろんですが、周囲の人たちもほっとして、彼を見送ったという話をしてくれました。

母は、軍人さんも国には妻と子どもが待っているんだろう、人間はみんな同じで、戦争をしてはいけないと思った、と教えてくれました。

（東京都江戸川区）

風化させたくない戦争体験

黒木春子　62歳

5年前に94才で亡くなった母は、終戦まで満州で看護師をしていた。当時は報道統制が敷かれ、現地の日本人は戦況が変わっていく実態を、正しく把握するのは難しかった。

しかし、日本軍が陥落した夜には決まってラジオから浪曲が流れ、辛い思いがしたそうだ。母の兄は南方で戦死したが、戻ってきたのは石が入った白木の箱だけだったと、最後まで悔しがっていた。

戦争の悲惨さを、身をもって体験した世代が今は少なくなった。戦後の平和な時代に生まれた第一世代として、親世代の戦争の記憶を風化させないようにしたい。今は先が見えにくい時代といわれるが、若い世代に機会があれば伝えていきたいと思う。


(東京都品川区)

命の重さと、平和の大切さを伝えたい

坂崎恵子　87歳

1945(昭和20)年5月29日は横浜大空襲の日だ。その日の朝、女学生だった私は友だちと一緒に勤労奉仕先の工場にいた。突然、無差別爆撃が始まり、自宅方面の空が赤々と燃え盛っていた。電車も止まっていたので、どうすることもできず、ただ立ち尽くすだけだった。

翌日になって、ようやく線路を歩いて自宅に向かった。そのときの焼け野原の光景や、焼けただれた死体が累々と続く惨状は、いまでも忘れることができない。自宅は完全に焼け落ち、7人家族のうち、母、姉、弟の3人が防空壕の中で亡くなった。

あれから70年以上の月日が流れ、当時のことを記憶する人も少なくなった。しかし、平和の

大切さを訴えるために、少しでも長生きして、私の体験を伝えていきたいと思っている。

（神奈川県川崎市）

疎開先から戻り、失われた命

遠藤和子　83歳

私は浅草の仲見世通りにあった「履物問屋」の娘として生まれた、生粋の江戸っ子です。戦争がひどくなり、父はお店をたたみ、親戚がいた山梨県の甲府に家族で疎開。甲府で女学校に入り、そのまま卒業して東京に戻りました。

田舎に親戚がなく、集団で学童疎開をした友だちは、卒業式のために昭和20年の3月に東京に戻ったのですが、その直後3月10日の東京大空襲で多くの命が失われました。私は、そのことを後で聞き、いたたまれない思いでした。戻ったとき、浅草一帯は、まだ復興されておらず、仲見世通りから観音様がよく見えたことを覚えています。

（東京都台東区）

途絶えた「てんでんこ」

亀井緑　65歳

亡くなった姑は、昭和8年の三陸大津波を経験したが、古くからの言い伝え「てんでんこ※」を守り、裏山に逃げて、辛くも難を逃れた。それから、寝るときには、必ず枕元に衣類一式をたたんで置き、夫も子供時代からそのように躾られてきた、という。いつしかその口伝えも忘れられて、そして3・11が襲いかかった。甚大な被害を知るにつけ、もし「てんでんこ」の教えが世代を超えて伝えられていたら、と思わざるをえない。

（神奈川県横浜市）

＊てんでんこ　津波の被害に何度もあってきた三陸地方の言い伝え。「てんでばらばらに」の方言で、津波は突然襲ってくるから、その際は家族さえ構わずに、一人でも高台に走って逃げろという意味。家族や集落の全滅を防ぐために語り継がれてきた。

戦時中の、義父の恋文

村山民子　70歳

姑が亡くなったのち、遺品を整理していたら、新婚早々の舅が姑に送った手紙の束が出てきた。身体があまり丈夫でなかった舅は、徴兵義務を免除され戦地に送られることもなく、故郷を遠く離れた九州の地で、後方支援の業務に従事していた。

当時の連絡手段は手紙しかなく、舅は何通も書き送っている。特に、ようやく3日間の休暇がとれたとき、姑との久しぶりの逢瀬を恋い願う舅の手紙は、思わず顔を赤らめるほどの熱烈な愛情表現に溢れていた。今なら携帯電話やメールで、いつでも簡単に連絡がとれるが、届くかどうかも不確かな戦時中のこと。映画「君の名は」よろしく、ずいぶん気を揉んだに違いない。待ち合わせ場所や時間を、繰り返し念押ししている。

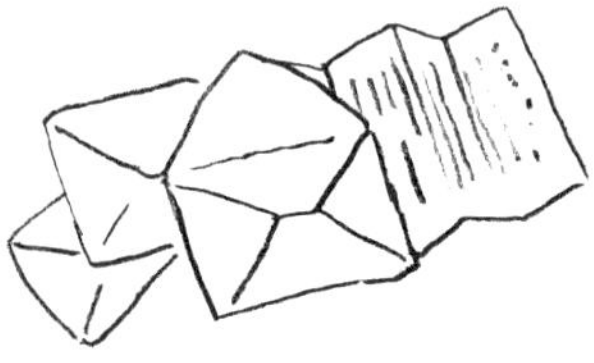

戦後、何度も引っ越しをしたのに、その手紙は大切にリボンで結ばれ、ひっそりと文箱の底にしまわれていた。この恋文に、義父母の深い絆を感じると同時に、暗い話ば

かりでなく、微笑ましいエピソードがあったことにほっとしている。

（埼玉県浦和市）

子育ての極意は「ほめて、ほめて、さとす」

福井佳乃　69歳

5歳違いの子ども二人を、同じ保育園に預けて働いていたので、足かけ10年近く送り迎えをした。大正生まれの、母親に近い年代と思われる園長のモットーは、「ほめて、ほめて、さとす」。子供に対しては、叱ったり怒ったりするより、まずは「ほめる」、その上で、改めさせたい点は「さとす」。カウンセリングの基本とされる、相手に寄り添い、受容する姿勢だ。

未熟な母親だった私も、この姿勢を大切にして、なんとか子供たちを育て上げることができたと思う。虐待や育児ネグレクトなど、つらいニュースが流れる昨今。また、街頭や店内で泣き叫ぶ子や、我が物顔に走り回る子を注意しない親も多い。かつての園長の言葉の意味がよく分かる。

（神奈川県横浜市）

「子供叱るな、年寄り笑うな」

中野美幸　68歳

「子供叱るな来た道だもの　年寄り笑うな行く道だもの」――40年前、初めての子育てでイライラしていた私。ストレスがたまり、食べ物をこぼした息子を大声で叱ったとき、母が教えてくれた言葉だ。息子が結婚して子供が生まれたときにも、さっそく嫁に伝えた。

今では母は認知症が進行し、娘の私のことも時どき分からなくなるが、それでもこの言葉は、私の中に深く刻まれている。今回このレポートを書くにあたり、改めて調べたところ、実はこの後、「来た道 行く道 二人旅 これから通る今日の道 通り直しのできぬ道」と、続くことが分かった。一回だけの人生なのだから、一日、一日を大切に暮らしていかなければならないと思う。

「吾、唯足るを知るのみ」

これは、父がよく口にしていた言葉。真ん中に「口」の字が配置され、上から右回りに読んでいく。京都の龍安寺の蹲踞《つくばい》に、「吾唯足知」と刻まれていることでも知られている。父がどこで覚えたかは不明だが、この言葉がいたく気に入って、座右の銘にしていた。陶芸体験で作った皿にも、この四文字を描いて愛用していたほどだった。

物質的に豊かでも、満足することを知らなければ、どこまでも貪欲になる。満ち足りていると知れば、心豊かに生きることができる。大正生まれの父が生きた時代より、はるかに大量生産、大量消費、大量廃棄が進み、地球の存続自体が危ぶまれている。だからこそ、この言葉の意味をもう一度かみしめたいものだ。

（神奈川県綾瀬市）

義母から学んだ、ポジティブ思考

大竹陽子　76歳

亡くなった義母は、高校の音楽教師として長年、音楽教育や部活動に情熱を注いできた。指導したコーラス部は、全国大会に出場したこともある。定年退職後は、自宅でピアノや声楽を教えていた。朗らかな性格で慕われ、小さな子供から、音楽大学への進学をめざす生徒、かつての教え子など、多くの若者に囲まれて楽しそうだった。

晩年になっても、声量のある艶《つや》やかな声と、鍵盤を打つ軽やかなタッチは年齢を感じさせなかった。義母と並んでピアノを弾いていた二人の娘も嫁ぎ、今は夫と二人だけの静かな暮らし。我が家の〝サロン〟にあるグランドピアノは、家族の歴史を物語る証人のようだ。ポジティブな思考で、私たち家族を明るく包んでくれた義母。私もそうありたいと努めている。

（鳥取県鳥取市）

伝統を掘り起こし、子供たちに繋げていく

栗原慶子　79歳

県の指導による「男女共同参画」を目指す流れの一貫で、地域の女性活動として「ときめ木」を創りました。地域の伝統を掘り起こして子供たちに繋げていく活動をしています。

地域の課題は年寄り、特に男性が家に引きこもりがちなのが心配。声をかけても出てきません。車の免許を返済しなくてはいけない年齢の方もいますが、地域で生活するためにはとても必要なのです。

（埼玉県飯能市）

受け継がれる医の心

吉田みのり　97歳

代々続く地主の家に生まれた父は医師も兼ね、往診には馬に乗って出かけていた。治療費を受け取らないこともあった父を、母は献身的に支えた。私が嫁いだ先も医師。軍医大尉として、中国へ従軍した夫は昭和21年に帰国。義父が遺した医院を継いだが、戦後の物資不足のなか、嫁入り道具の着物類などは、すべて医療機器や薬に替わった。

やがて夫が、出身医科大学での研究に従事するため閉院。村の全員が涙で見送ってくれた光景は今でも胸を打つ。博士号取得後、現在地に医院開業。昼夜を問わず患者さんに接していた夫を、受付事務をはじめ医院運営、住み込みの看護学校生の世話、夜間の往診に同行するなど、家事と育児をこなしながらひたすら支えあった。

その後、息子が医院を継承し、現在は孫が四代目として、地域の健康を支えるホームドクターの役割を果たしている。亡父と亡夫の遺志が、脈々と受け継がれていることに感慨も一入である。

（広島県広島市）

先見の明あり、父の果断

岡田信子　70歳

父は大の新し物好きで運転好きだった。終戦後間もない頃、サイドカー付きの大型ハーレーダビッドソンを、颯爽と乗り回して衆目を集め、やがて興味は車へ。昭和30年代中頃の、「ダットサン」を皮切りに、我が家には常に車があり、毎週のように家族でドライブ旅行に出かけた。車検の度に新車に替え、車種は必ず「クラウン」。その徹底ぶりは亡くなるまで一貫していた。

運転技術には絶対の自信を持っていたが、70歳を過ぎた頃、続けて2度自損事故を起こした。幸い、たいしたことはなかったのだが、重大事態になる前にと、すっぱりと運転を断念。(おかげで、私が専属運転手として拘束される羽目になったのだが)。

昨今、高齢者の運転ミスによる事故が頻発しているのを目にするにつけ、父の決断は正しかったと思う。今、私もその年齢に近づき、父にならって「やめる」勇気を持つべきか思案している。

(香川県高松市)

母と先輩から学んだ、今を大切にする生き方

生方すず　76歳

母(明治43年生)は、「若い時に、関心を持ったことは何でもやっておきなさい。そうすれば、年を取ってからまた始めることができますよ」と言っていました。

好奇心も強く、友だちにも恵まれた私がやったのは、運転免許、茶道、スポーツ(スキー・テニス・ゴルフ・登山)、音楽(合唱・バイオリン・ギター・琴・エレクトーン・声楽を聴く他)、手芸(人形・編み物)など。

30歳代になると、時間の余裕もなく、ほとんどのことは止めてしまいましたが、ジャンルを問わない趣味から、多くの友だちを得て、仕事にも役立ちました。今、後期高齢者エリアに足を踏み込んだ私は、やりたいことがいっぱい!

時間が足りないと思う日々です。
職場の上司は、「良い環境は自分自身が作る」と教えてくれました。「仕事でもそれ以外でも、自分が置かれた環境が必ずしも望む環境ではなく、努力では変えられないこと（条件）がある。そうしたときには、自分が変えることのできること（課題解決）をもって、自己実現を図りなさい」と。
二人の言葉から、今を大切にする生き方を学びました。

（静岡県静岡市）

掃除の極意

三保百合　75歳

職人だった父はとてもきれい好き。やりっ放しなどは当然許されなかった。そんな父が、いつも口にしていたのは「掃除は部屋の隅だけすればいいんだよ」だった。「とかく四角い部屋を丸く掃き」がちな日々。部屋の隅に目をむければ当然のことながら中央にも目がいく。忙しさにかまけて乱雑に物が置かれているとき、ふと父の教えが頭をよぎるこの頃である。

（静岡県静岡市）

古い手仕事を伝えたい

工藤リセ　70歳

家に昔から蔵があって、ただの物置きだと思っていましたが、片付けていたら、立派な蔵だということに気づきました。ぜひ、活用しなくては！と思いました。小さい頃から、職人さんが何か作っているのを、じっと見ているのが好きでした。

その蔵を「てどの蔵※」と名づけて、岩泉の古い手仕事を伝えて行きたいと思っています。

（岩手県岩泉町）

※てど　手仕事を意味する東北の言葉

心のふるさとに通い続けて

山中典子　75歳

私の本籍は、山梨県中巨摩郡南アルプス市十五所、父の故郷である。山また山に囲まれた甲府盆地のはずれに位置し、今は葡萄や桃畑となっているが、私が子供の頃は桑畑が一面に広がっていた。

次男坊として生まれた父は、大学生のときから東京に移り住んだが、春秋の彼岸に墓参りを欠かさず、私たち子供に「墓参り」の習慣を身につけさせた。父母が眠る「彼の地」に、両親から、私に受けつがれたＤＮＡに感謝し、「心の故郷」に通い続けている。

「人は城、人は石垣……」ふるさとの歌「風林火山」は、人の輪を重んじながら歌いつがれていく。

（東京都豊島区）

小学４年のときに、山梨の事を描いた作文が載っている

木っ端《こっぱ》の香る家

押田洋子　78歳
コピーライター
エッセイスト
イラストレーター

若い頃には、知ろうともしなかった父の人生……この歳になって、愛《いと》おしく想い出される。

父は木彫師だった。明治31年、東京は浅草のはずれ三ノ輪の生まれ。生家は両替商だったが、父親の放蕩で没落。美術学校へ行く夢も絶たれた。横浜の薬問屋に丁稚奉公に出されたがなじめず、新富町の高名な木彫師に弟子入りしたという。大正15年つまり昭和元年、母と結婚し独立。親からもらった指輪一つを売って、一軒家を建てたというのが自慢だった。

「大関横丁の彫刻屋さん」と呼ばれていた。

欄間、書院の組子《くみこ》、衝立《ついたて》など日本建築のための木彫が主で、大工や指物師《さしものし》からの注文仕事だった。木取りをして墨で絵を描き鑿《のみ》で荒彫りしていく。幼き日、末娘の私は、膠《にかわ》の鍋のかかった火鉢の脇に座り、夜なべする父親の手元を見つめていたものだ。木を彫る音が、リズミカルに心地よく響いていた。私は、父の振るう鑿や鉋《かんな》から飛び出してくる〝木っ端〟の匂いが大好きだった。とりわけ檜《ひのき》の上品な香りが忘れられない。

職人にとって、晩酌は最上の楽しみである。父はかなりの美食家で、母の料理が気に入らず、夕暮れともなると、柳通りの「魚竹」の小僧が白木の〝岡持《おかもち》〟でお刺身を運んできた。時には大正通りの洋食屋や、吉原土手の天ぷら屋が、出前ではなく出張料理にやってきた。支払いはツケ。酒屋も米屋もツケで、月末に支払う。私が中学生だった昭和30年頃まで〝お通い帳〟が活躍していたように記憶している。思えば…収入の不規則な職人の家計でよく支払えたものだ…と、今さらながら母の苦労が偲ばれる。

我が家には、ちゃぶ台が2つあった。大きい方には母と6人の子供たち。小さい方は父専用である。「魚竹さん」のお刺身は父の酒の肴だ。晩酌のお燗を運ぶのは、私の重要な役目だった。お燗は〝人肌〟の温度がよい…と7歳の私は学んだものである。平成の今、私の夕餉にもアルコールは必ず登場する。父親ゆずりか、姉弟みな頼もしい左党である。

仕事場に古びた大きい額が飾ってあった。国会議事堂の竣工式の写真で、昭和11年11月7日と記され、50人余りの男たちがカメラに収まっている。その中に父の顔があった。38歳位だろうか。親方と弟子仲間と一緒に洋風装飾の職人として議事堂建設に参加した。写真の中の若々しい父の背広姿がまぶしい。その後、数年を待たずして太平洋戦争が始まり、戦中・戦後、木彫どころではない食うや食わずの時代がやってくる…しかし写真の父は、まだ知る由もなかった。

父は、時代の恩恵から見放された不遇の職人と言えるかもしれない。やっと世の中が落着いた時には、新建築に押されて伝統的な木彫は捨て去られる運命をたどった。70歳で倒れ、4年後にあの世に旅立った。父こそ〝江戸職人〟と呼ばれるにふさわしい…思い切り仕事をさせてあげたかった…と、かすかに悔しさが胸を刺す。「俺は本当に運がない」…父のため息が天国から聞こえてくるようである。

（神奈川県川崎市）

生き方の基本には「食」あり
日本人の食を見直したい

INTERVIEW

服部津貴子さん 69歳

学校法人　服部学園
服部栄養料理研究会　会長

季節の節目を感じる、家庭の歳時記

昔は、それぞれの家庭に歳時記のようなものがありました。

我が家でもお節句のときは、必ず行事を行っていました。お正月の前になると、お餅つき、おせち作り、その後は七草粥。二月には豆まき、三月は桃の節句、五月は端午の節句、七月は七夕、九月は重陽の節句など。

お節句は季節の節目ですし、家族の行事は子供の楽しみでもあり、家族の触れ合いにもなります。私は兄がいますから、端午の節句には鯉のぼりを庭に立てて粽《ちまき》やいろいろなお料理を食べました。小さい時に体験したことは、大人になっても忘れないものです。日本のよい習慣は伝えたいですね。

食生活もそうです。現在は海外からさまざまな料理が入ってきて、バリエーションも増え、大変美味しく、楽しい食生活になりました。でも、日本人としての食文化はきちっと後世に伝えないといけないと思います。

２歳の頃母と

和食がユネスコで無形文化遺産になりました。でも、ユネスコはその後もリサーチをするそうですから、無形文化遺産として、きちんと日本人自身が守っていないと、取り下げられてしまいます。私たち自身が、もっと真剣に日本の正しい食生活を、次の世代に継承していかなければならないと思います。

自然界に添った食生活を考えたい

夏に西瓜《すいか》を食べる、夏から秋にかけて茄子を食べるなど、いろいろな食習慣がありま す。それは、旬のものは旬に食べることによって、健康を保つことができるからです。西瓜は利尿作用がありますから、夏に食べると健康にいいですね。茄子は身体を冷やします。エアコンがない時代は、夏に身体を冷やすために食べました。秋茄子は嫁に食べさせるなという諺があります。これは、お嫁さんは赤ちゃんがお腹にいたら、身体を冷やすと良くないので、そう言われたんです。

でも、今はエアコンのおかげで、夏は涼しく、冬は暖かくできますから、生活そのものが、自然界とはかけ離れたものになりました。野菜や果物も人間の都合のいいように改良されているものもあります。ほうれん草はシュウ酸が多く含まれているので、昔は茹でて食べないと、アレルギーを起こしたりすることがありましたけれど、今は、シュウ酸をぬいたほうれん草もできています。ぶどうも種なしぶどうがありますけど、種をなくすために、何か手を加えていますから、決して自然とは言えないですね。
やはり、自然界に添った食生活をすることが現代でも大切ではないでしょうか。

旬の素材と、身体にいいものを大切にした母の料理

私たちが子供の時代にはコンビニもなくて、食べ物がすぐに手に入ることはありませんでした。そして、旬の食材を使った食事をすることが当たり前でした。母から教わったことは旬の物を食べる大切さと言うことです。

父と母の共著で、60年くらい前に発行された「四季のお料理集（春、夏、秋、冬のお料理）」という本があります。西洋料理も入っていますが、基本的には旬のものを使ったお料理です。特に母は栄養を考慮した、身体にいいものに関心がありました。オリーブオイルも、身体にいいからと早くから手に入れて、料理に使っていました。

服部道政・服部記代子著
「四季のお料理集」
（医歯薬出版株式会社刊
1961年）

海外との関わりもあったので、海外のレシピも入っていますけど、当時はそのままの料理法だと日本人の口に合わなかったので、アレンジしています。母は学校では、栄養学も教えていましたから、カロリーも重要視していました。

家庭と仕事を見事に両立させた、母を誇りに思っています

昭和14年に父が東京高等栄養学校（現在の服部学園の前身）を創立しました。昭和初期に、栄養士法、調理師法という法律が出来、栄養士の国家資格と調理師の国家資格が出来ました。ですから、東京高等栄養学校は、お料理ばかりを教えるのではなく、栄養士と調理師の資格を取ることも目的としていました。栄養学、調理理論などの授業もありました。

母は厳しいところもありましたけど、動物が大好きな優しい人でした。お祭りで買って来たひよこを育てた

動物が大好きだった母と家の庭で

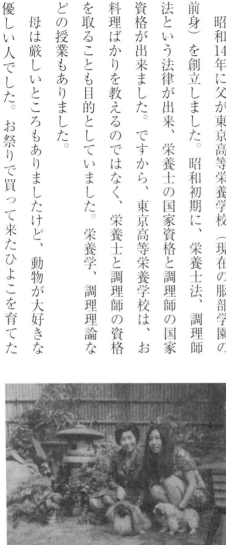

り、捨て犬がいると拾ってきたり。私が小学校のときは、カナリアもたくさんいました。今だったら苦情が来るでしょうけど、昔はおおらかでしたね。

母がお嫁に来たとき、お風呂は五右衛門風呂で、毎朝五時に起きて薪を割るのは母の仕事。「あなたを産む前の日まで薪割りしてたのよ」と聞かされました。学校の仕事と家庭の両立で大変だったと思いますけど、ピリピリしていることはなかったです。

そんな母を私は誇りに思っていました。でも、早くに亡くなりました。52歳で。私が27歳でしたから親孝行なんて全くできない状態でした。ですから余計に、母に対する思いがたくさんあります。

母は、時間を守りなさいとか、約束は守らなければならないとか、いつも言っていました。当たり前のことですよね。礼を尽くされたら礼を返すといったようなことは、日本の古き良き時代のいい習慣じゃないでしょうか。ルールや当たり前の規則が、だんだんなくなっているような気がします。マナーというと堅苦しいですけど、当たり前の礼儀は知っておきたいですね。

子供たちに、食事の大切さを知ってほしい

聞くところによりますと、今子供の七人に一人は栄養失調だそうです。親も誰も見ていないところで食事をする子供は、給食がある日はいいけれど、休みのときは、お金を与えられて一人で食べるわけです。誰も周りにいなければ好きなものを食べますよ。そうなれば、ポテトチップ一袋ですませてしまう。それでもお腹はいっぱいになりますけど、栄養が偏って栄養失調になってしまいます。

特に子供は、誰も見てないと好きなものしか食べません。それに、どちらかといえば、子供は食べ過ぎたら身体によくないものを好みます。たまに食べるのはいいですけど、毎日それを食事代わりにしていたらバランスがよくありません。

世界には、水もない、食べ物もない国がたくさんあって、そこでは子供たちが餓死して一日何万人も死んでいます。一方日本は食べ物を平気で捨てています。同じ一つの地球にいるのですから、そういう現実を日本の子供たちに分かってもらいたいと思っています。それも食育なんです。

親にダメと言われても何故なのかわからない。でも、地球の向こう側には、何キロも先の川から水をバケツで運んで来て、生活している人もたくさんいる。同じ地球に、そういう子供たちが住んでいることを理解してもらいたい。直接子供たちに伝えれば、きっと理解してくれると思っています。

食べるものが人を作る

今の日本には百歳以上のお年寄りが約七万人います。そのうち二万人は元気です。その方たちをセンテナリアンって言います。センチュリーが一世紀。センテナリアンは一世紀生きた人です。お歳を召しているから仕事はしていないけれど、人から尊敬される。百歳で尊敬されて生きて行くということは素晴らしいです。そうなるためには、バランスのよい食生活が重要です。人と人とのお付き合いの中でも温厚で、何でも美味しく食べられて、お元気で過ごせる人たちが増えればいい。みなさんに健康で長生きしていただきたいと思っています。

イライラするのはカルシュウム不足だと言いますけれど、食事のバランスがとれてい

各国の伝統料理やスローフードを見直す
「世界の料理と食育」駐日パナマ大使ご夫妻と

ないことも原因です。生活は「食」が中心です。食べ物が人を作っています。小学生の頃からバランスの良い食生活を心がけて、自分自身の食べ物をきちっと選べることが食育の基本です。

日本でも最近、「食育」に関心を持つ人、熱心な人が増えて来ました。学校でもいかに「食」が大切かを、子供たちに教える授業を充実させるようになりました。日本に伝わる良い習慣を思い起こして、日本の食のあり方をもう一度見直したいですね。

服部津貴子（はっとり　つきこ）
1948年生まれ。フランス及びスイスの料理学校へ留学ののち、服部流家元に就任。現在、家元会及び服部栄養料理研究会の会長、学校法人服部学園常任理事。兄・服部幸應とともに、食育普及活動を行っている。著書『美味しい！食育講座』、服部幸應との共著『はじめての食育』『元気が出る朝ごはん』などがある。

暮らしを仕舞う

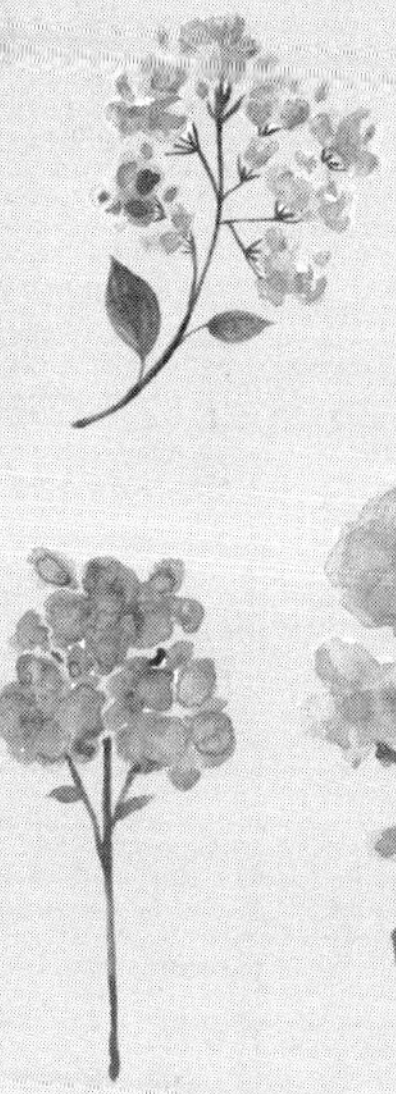

人生の時期によって、暮らしの器は大きく広がることもあれば、小さく縮んでいくこともある。これからは自分に合った大きさで、すっきりとシンプルに暮らしたい。身の回りの洋服や日用品の整理から、遺品の整理、親や自分の家の始末、墓のことまで、「暮らしの仕舞い方」について、それぞれの想いや覚悟が語られている。

老女の引っ越し顛《てん》末《まつ》記

井上昌子　72歳

40年近く住み慣れた丘陵の地から、駅や日常の生活に必要な施設が近くに揃う、平坦な地へ転居した。夫は車の運転をやめる年齢となり、私は膝を痛めていたので、深く考えずに引っ越してしまった。嬉しいのは近くに整骨院があり、転居した翌日から通い始めて、現在は正座が出来るほどに良くなった。

荷物が片付くと、近所に知人は皆無と気づき、寂しさを感じ始めた。その矢先、最寄りの駅で、エスカレーターの列に何気なく近づくと、老人に「横入りするな」と言われた。その後、急に食欲がなくなり、見る見るうちに、3kg痩せてしまい、病院で安定剤を処方され何とか治まった。

しかし前の家が恋しく、老人施設のボランティアやパソコン教室に通っても、仮住まいの感は拭えなかった。

幸か不幸か前の家に借主が現れず、家財を少し戻して、「二拠点生活」をすることになり願いは叶った。老いてからの引っ越しは難しい、とは聞いていたが全くその通りだった。

（東京都練馬区）

天晴れ、義母の潔い一生

村山民子　70歳

長男に嫁いだ姑は戦後、夫の両親や中国から引き揚げてきた身内と、狭い家で同居し、大変な苦労をした。舅が脳溢血で半身不随になってからは、重い介護の負担も加わり、気の休まるときもなかっただろう。両親を送り、三人の子供たちも独立して、ようやく夫婦でのんびり余生を過ごそうとしていたさなか、今度は夫が脳梗塞で倒れて、半身不随となった。その後10年近く、リハビリ病院や病院を転々とし、最後は施設で亡くなった夫を支え続けた。

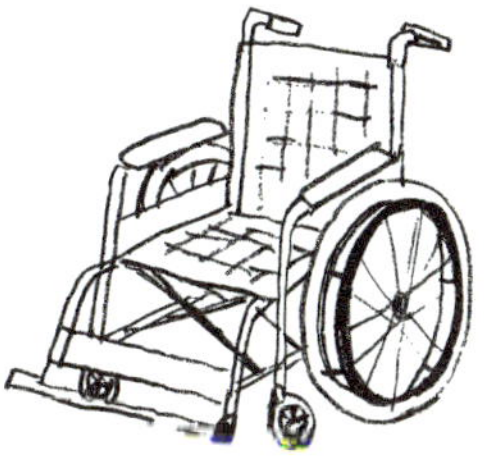

長男だった私の夫は、姑のために家を買い替え同居を申し出たが、自分の苦労を嫁の私にさせたくないと、やんわりと、しかしキッパリと固辞された。そして、ぎりぎりまで一人暮らしを続け、亡くなったとき、枕元に自分の葬儀代を置いていた。家族のためだけに懸命に生きた市井の人ではあったが、天晴れな潔い人生だったと思う。その心持ちを受け継ぎ、私も嫁たちに同居はしないと申し渡している。

（埼玉県浦和市）

夢は、今開く

貴島初美　74歳

異業種を渡り歩いて60歳でリタイア、気づけば間もなく後期高齢者の仲間入り。職場時代できなかったことが、マグマのように噴出し「70歳の手習い」と周囲にあきれられつつ、いろいろなことに挑戦。順風満帆かと思いきや、今年3月に思わぬ不幸に遭遇。自分のエンディング・プランに大きな見直しを迫られた。

さて、幾許もない余生に「何が出来るかな？」と引きこもって考え、辿り着いた結果は「そうだ！花咲か婆さんになろう！」。花狂いで、野の花の追っかけ隊の私にできる夢。それは「あの木　なんの木　ふしぎな木」という、花木を子孫に遺すことだ。

（静岡県静岡市）

終活に欠かせない「捨てる勇気」

黒木春子　62歳

最近、気になっているのが断捨離。友人の間で終活の話題が出ることが多くなったが、共通しているのは日々溜まっていくモノの整理。気力や体力があるうちに、思い切って整理していないと、年々厳しくなると話している。実際、何年も袖をとおしていない衣類や、頂きもので使っていない食器、もう必要のない仕事関係の書類や書籍など。処分しなければならないと思いつつ、手をつけずに放置したモノが多い。

断捨離は、もともと整理整頓が苦手な自分にとっては、かなりハードルが高い作業である。まずは、何年も日の目を見ていないモノについては、迷わずに捨てることから始めたい。様々な収納グッズや整理法などもあるが、「そのうち役立つ」をやめて、捨てる勇気をもつことが大切だと思う。

（東京都品川区）

自分たちだけのお墓

山路雅子 73歳

夫も私も地方出身で、それぞれの故郷に「家の墓」がある。夫は長男ではないが、普通に考えれば、実家一族の墓に入ることになるだろう。私も然りだ。けれど、縁もゆかりもない土地の墓に入るのは、（当人は死んだ後のことだから分からないが）何となく気が重い。

そこで夫婦で相談して、近くのお寺の墓地に、自分たちだけの墓を建て、子供もいないので、永代供養してもらうことにした。戒名はつけないことにして、すでに朱で俗名の名前も刻み、いつになるか分からないが、気持ちだけは〝その時〟に備えている。

（埼玉県浦和市）

今も心に残る、豊かな里山暮らし

秋本英子 70歳

母の実家はバスが通る県道から、少し入った集落に佇む築150年の広い屋敷。周囲を山に囲まれ、とても静かで夜には降るような星空が広がっていた。私たち姉弟妹と従兄弟合わせて5人、小学校の夏休みには伯父の家で、ひと夏を過ごすのが恒例だった。子供のいない伯父夫婦は、本当の子供のように慈しんでくれた。

いろりのある広間。黒光りのする柱や梁、真夏でも一歩入るとひんやりとする土間など。建築時そのままの空間はまるで別世界で、里山暮らしのすべてが新鮮だった。別棟にある風呂場に、井戸から水を運ぶのは我々子供の仕事。水の入った重いバケツを持って、何往復もするのは大変だったが、嬉々として手伝ったものだ。

成人してからも、春の土筆《つくし》、蕗《ふき》、筍《たけのこ》、蕨《わらび》、秋の松茸、椎茸など、豊かな山の幸を求めて足しげく訪れた。10年ほど前に伯父夫婦が亡くなり、家は絶えてしまい、心のよりどころを失ったような寂しさを感じている。

（島根県松江市）

山林の有様に時代の変化を実感

平田美知代　73歳

伯父の家は広大な山林を持ち、代々林業を営んでいた。そのほとんどは良質の檜《ひのき》で、木材市場に出すトラックに同乗して、連れて行ってもらったこともある。伐採後は必ず植林し、枝打ちや下草刈りなどの手入れを欠かさず、山が最良の状態を保つよう気を配っていた。

その伯父も今は亡く、東京で職と家庭を持つ一人息子にも帰郷の意志はないため、見事だった山も荒れてしまった。過疎化が進む集落では、山の手入れをする人も減り、一帯の山林も荒れる一方だ。建築に新しい工法や素材が開発され、工期やコストパフォーマンスが追求されるなか、昔ながらの大工の技量が求められる天然無垢材は、取扱いが難しいのかもしれない。

折にふれて訪れるたびに、時代や社会の変化に取り残されたような、山林の様子に心が痛む。

（高知県高知市）

〝末広がり〟から〝尻すぼみ〟の家系図へ

上田千鶴子　69歳

どこの一族にもたいてい一人は、ルーツ探しに情熱を燃やす人間がいるものだ。夫の身内にも、私の身内にもそういう御仁がいて、いずれも定年後の時間を使って、熱心に家系図づくりに取り組んでいる。

図書館で古文書を調べたり、家族、親族に聞き取りをしたり、時にははるばる日本各地を訪れ、一族のたどった歴史を再確認する。われわれ夫婦や子供たちまで記載された家系図は、見事な末広がり状になっていて、遠い昔から今日まで脈々と続く〝命の歴史〟が伝わってくる。

しかし、家系図は家族や親族が増えてつながる、という前提でつくられるもの。これほど少子化が進み、結婚しない、子供をつくらないなど、多様なライフスタイルが当たり前になった昨今。家系図は〝尻すぼみ〟になり、やがて、いとこ（従兄弟、従姉妹）、叔父（伯父）叔母（伯母）などの言葉も風化していくかもしれない。放置された空き家や無縁墓を見るたびに、その思いを強くする。

（石川県金沢市）

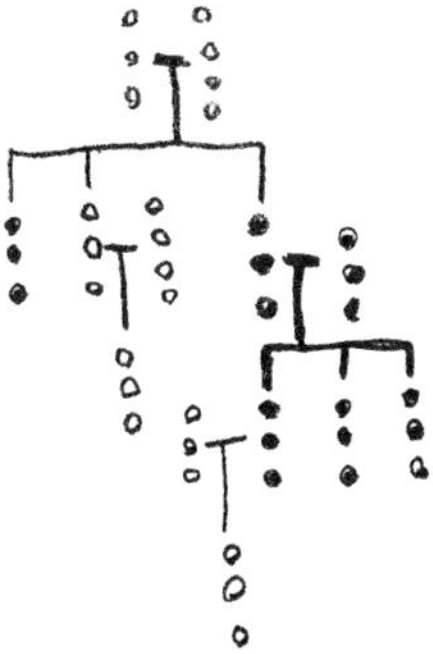

リサイクル、リユースで暮らしをダウンサイジング

石田由美　64歳

いつのまにか、溜まりに溜まってしまった洋服や靴やバッグたち。どうしてこんなに買ってしまったのかしらと、我ながら呆れてしまう。娘に譲ろうと思ったら、サイズやセンスが違うからと、キッパリ拒否された。残されても困るだろうと、最近はせっせと処分に励んでいる。

まず（たいして多くはないが）新品同様で売れそうなものは、リサイクルショップで委託販売してもらう。それ以外の洋服は、大手チェーンの買取りショップに大量に持ち込んだ。付けられた値段は5～50円と哀しくなるほどのもの。それくらいなら寄付したほうが気が楽と割り切り、最近は社会貢献活動の一環として、リユースを訴え、活動している市民グループに寄付している。これからは、洋服に限らず、暮らし全般でダウンサイジングを実践していきたい。

（東京都町田市）

母の遺したものたち

中原加代子　68歳

母は、何でも取って置くのが得意な人だった。イチゴがプラスチックのパックに入って、売られるようになったとき、台所はプラスチックのパックだらけになったほどだ。

同居していた母の遺品を整理していたら、いろいろなものが出て来た。子供たちのへその緒、孫が描いた「おばあちゃん」の似顔絵、何十年も前の旅行で乗った電車の切符、観光地のパンフレットなど。スゴイ！見ていると母の旅が、走馬灯のように私の目の前をぐるぐると回った。「楽しかったね。よかったね」と言いながら、旅の思い出に別れをつげた。膨大な時間をかけた、母の遺品整理の体験をいかし、ともかく、「ためまい！ためまい！」と肝に命じながら暮らす日々である。

墓守の行方

先日、樹木葬をしてくれるというお寺が主催する見学会に参加した。家のお墓はあるが、いっぱいでとても入れそうにないし、霊園の中よりも、木立や花に囲まれてのんびりと眠りたいと思っている。それなりの費用をお支払いすれば、お寺が永代供養をしてくれる。私が眠る場所の回りのお掃除や、お花の手入れもしてくれる。誰も頼らなくていいので気が楽だ。

私も弟も独身で、二人がいなくなったら誰も墓を守ってくれる人もいなくなる。でも、お墓は私だけの問題ではなく、すでに眠っているご先祖様たちのことも考えなくてはならない。墓じまいをしたという友人もいる。いよいよ本気でお墓問題に取り組む時が来てしまった。もはや、家族がお墓を守るという時代は終わっていくのかもしれない。

（東京都世田谷区）

「不思議の国のアリス」のように いつでも自分らしい〝冒険〟を楽しもう

INTERVIEW

田村セツコさん 80歳

イラストレーター
エッセイスト

鉛筆と紙で自由に、想像の世界をふくらませていた少女時代

私の子供時代は、女の子はほとんどみんな、紙に鉛筆で落書きしたりお姫様の絵を描いたりしていたのね。お友だちが素敵な洋服を着ていたり、オシャレな髪型をしていたりするのをみると、自分はそうでなくても、それらを描くことで満足できた。ちょっと

大げさに言えば、紙と鉛筆さえあれば、自分の夢が叶いそうな気がしていたのかもしれませんね。

中学の終わりか高校の始め頃、ある少女雑誌に作家や画家たちの住所が掲載されていて、好きな先生にお便りを出しましょうという企画があったんです。そこで、私は松本かつぢという抒情画、童画の先生に往復葉書を出しました。それも、「絵に関係した仕事につくには、どんな勉強と手続きが必要ですか」という、とても実務的なもの。忙しい大御所の方だから返事は期待していなかったのに、1週間以内に「あなたの絵を送ってください」という、まさかの返信が届いたんです。

紙と鉛筆があればよかった少女時代

私はすっかり有頂天になってしまって、自己流で描きためていた「赤毛のアン」「足長おじさん」「愛の妖精」「長靴下のピッピ」など、いわゆる名作の主人公の絵をまとめてお送りしました。すると先生から、一度訪ねていらっしゃいという葉書を頂き、それから月に一度くらい、自分の絵を持参して、ご自宅に伺うようになりました。

急病の作家の代役が縁で、この世界に本格デビュー

私は美術学校には行っていないので、いろいろな先生方の絵を参考に描きながら、自分の世界を作り上げていきました。それでもまだプロになれる自信はなかったので、高校卒業後は銀行に就職し、OL生活をしながら絵の勉強もしていました。

そのうち、先生から担当の編集者を紹介され、小さなカットなどを描かせてもらえるようになったのですが、だんだん忙しくなり、さんざん迷ったあげく1年くらいで銀行をやめました。固定給があって安定していた人生から、いきなり風来坊のような生活に変わったので、とても心細い思いでした。原稿料といっても、交通費がやっと出るくらい。小学館、講談社など、いろいろな編集者から少しずつ仕事がもらえるようになりました。

あるとき、講談社の「少女クラブ」という雑誌で画家が急病になり、たまたま居合わ

せた私に編集長が「明日の朝10時までに挿絵が描けるか」と声をかけてくれ、願ってもない話だったので、ためらいなく「できます」と答えました。可愛い女の子が主人公の、ちょっとユーモラスな小説でしたが、徹夜で完成させて届けました。発売されたとたんに、速達で仕事の依頼がたくさん舞い込み、それから少女雑誌を中心に挿絵の仕事をするようになりました。人生はそういうタイミングがあるんです。

マネージャーもアシスタントもつけず、身の丈感覚で仕事を続ける

80歳の今も仕事の依頼はたくさんあり、忙しく過ごしています。最初は挿絵やイラストだけでしたが、そのうち文房具などの商品に私の絵を使うという、いわゆるキャラクターグッズのブームが始まりました。

それと同時に、いろいろな組織や個人からマネジメントを代行しますという誘いも、ひっきりなしに舞い込むようになりました。売れなかった時代には街をあてもなく彷徨ったり、古本屋で雑誌を読みあさったり、3本立ての安いフランス映画を観たりして、そのときの気持ちを覚えているので、何か頼まれると断わりきれないところがある

「HAPPYちゃん」

んですね。だから忙しいのに、頼まれると仕事を受けてしまう。
そうなってくると、ありとあらゆる依頼を一人で判断するのも大変だったので、一時期マネジメントを任せたこともありました。でも、私自身が契約などにうといこともあって、なんとなく自然消滅してしまいました。その後も、いろいろな方が次々にいらして、別荘や外車が持てますなどとおっしゃるけれど、もともと私は屋根裏暮らしが好きな地味な性分なので、やはり自分の身の丈に合った仕事をしたいと思い、それ以後は、全部自分一人でこなすことにしました。今はプロダクションもついていないし、アシスタントもいません。猫も家出してしまって、まったく一人です。

「独居老人」や「後期高齢者」などのレッテルにめげない、タフさをもとう

オジイサンやオバアサン、と呼ばれる年代の方々にお会いして話を聞いてみると、たしかに外見はお年寄りだけど、その中にキラキラした少年や初々しい少女の面影を見ることがよくありますす。その人、その人の歴史の中に、子供時代も青春時代も働き盛りの時代も現役で同居している。全部ひっくるめて〝その人〟なので、いきなり年寄りになったわけではないのね。だけど、年齢や見た目で一緒くたにして、オジイサンやオバアサンと決めつけてしまうのがとても残念。

女性の皺には、それまでの体験や情報がぎっしり詰まってたたみ込まれています。知恵の塊りで、怖いものなし。「不思議の国のアリス」のように、不思議大好きな女の子も皺の中に入っているかもしれない。人は複雑な要素を持った多面体の生き物だから、それが分かっていれば、戸籍上の年齢区分などあまり気にならなくなるのではないかしら。日本人は何でも決めつけるのが好きだから、私も「独居老人」ということになるらしい。でも、こんなお愛想なしの言葉にめげてはいられない。「後期高齢者」だって、お役所言葉ではあっても、私たち自身がそれにとらわれすぎることはないと思います。

レッテルをつけられると、人は傷つくこともある。最初はとても好意的だったのに、書類に年齢を記入すると、とたんにガッカリされたなどの経験はしょっちゅう。そういう経験をいっぱいしてきたので、〝免疫力〟はつきました。ずっと大切に保護され続けて生きていくより、社会の荒波にもまれてタフになれば、多少のナンセンスな扱いにはビクともしないで、ニッコリ笑って応対できると信じています。

一人暮らしの中で、楽しみながら〝筋トレ〟〝脳トレ〟

一人で暮らしていると、全部自己責任なので、誰も責められない。その点は気が楽だし、孤独を楽しんでもいます。

お気に入りの原宿の古着屋さんで

今の一番のテーマは、自分の最期をどう迎えるか。考えなければいけないとは思っているけれど、そういう大事なテーマになると、なんだか頭の中がボウっとしてきて、クエスチョンマークだらけになっちゃう。中学時代の友だちや先生に恵まれて、あの時代を体験できて本当に良かったと感じているから、それからの人生はいわば〝おまけ〟。死ぬのはいつでもOKという、不思議な価値観があるのね。部屋も片付いていないから、そのまま死んだら恥ずかしいだろうけれど、本人にはわからない。長患いして病院のベッドで死ぬかもしれないし、突然事故死するかもしれない。自分では最期は選べないと思っています。

とりあえず、今のところは健康だし、健康診断などいっさい受けていないから、問題はあっても自分では気づかないでしょうね。お手伝いさんもいないから、家事も全部自分でこなす。自分に暗示をかけて、いろいろなものを移動させるのは〝筋トレ〟、買い物、料理づくり、小さなトラブルなどは〝脳トレ〟――これがいいのよと言い聞かせながら暮らしています。一人二役で、「もう一人の自分」にトレーナーになってもらうのです（笑）。

田村セツコ（たむら　せつこ）
１９３８年東京生まれ。１９５０年代後半から今日までイラストレーター、エッセイストとして多方面で活躍。サンリオ発行の「月刊いちご新聞」には、１９７５年創刊以来ずっと連載エッセイを掲載している。また、池袋コミュニティ・カレッジ講師もつとめる。著書に『すてきなおばあさんのスタイルブック』『おちゃめな老後』『孤独をたのしむ本』など多数。

《生きることは冒険!?》

年令などにかんけいなく
毎日〜まったく想定外の
何が起るかわからない現実。
それが生きてること。
そのものなのかもしれません。
何が起きても、たとえそれが
好ましくないことでも、それを
「冒険」ととらえて
「OK!!ひき受けましょう!!」と
進んで行けたらすてきです。
自分の中に冒険好きのアリスや
ふしぎな魔法使いを
こっそり同居させて。田村セツコ

暮らしの明日へ

「人生１００年時代」の今日、ちんまり収まって「お婆さん」と呼ばれるのはまだ早い。いくつになっても、叶えたい夢や挑戦したいことはある。そして、そのための準備も怠らない。生活記録レポートの最後を飾るのは、こんな意欲に溢れた、明日に向かう女性たち。彼女たちの生きる姿勢を知れば、きっと元気が湧いてくるにちがいない。

生活記録レポート

留学生を〝母〟のようにサポート

尾上静子　80歳

職業軍人だった父の任地、中国東北部で幼少期を過ごした私。終戦を機に、一家5人で着の身着のままで内地へ引き上げ、戦後の混乱期を懸命に乗り越えてきた。そんな中でも中国での暮らしや遊び、友だちのことはいつも心の底にあった。

結婚して子育てが一段落したあと、中国語を学び、中国からの留学生をサポートする、市のボランティア活動に参加。母親のような気持ちで、若者たちと交流を続けているのは、幼い自分の一部を育んだ中国へのささやかな恩返しのつもりだ。できれば、もう一度、当時の思い出をたどって、彼の地を訪れてみたいと思っている。

（兵庫県神戸市）

「大人の井戸端会議」を復活したい

黒木春子　62歳

最近、小学校や中学、高校などの仲間とグループラインでやりとりしている。それまでは、せいぜい年賀状で挨拶する程度だったが、SNSのおかげで疎遠になっていた同級生とも、気軽に気になったことを、情報交換できるようになった。

以前は「年を取ると病気の話題ばかりでああはなりたくない」と話していた。いざ自分たちがその世代になると、親の介護や自身の健康の悩みなどで盛り上がっている。老後を楽しく過ごすためにも、孤独は禁物だというが、本音を話せる気のおけない仲間との繋がりは、これからも大切にしていきたい。それぞれが負担にならない程度に、でも愚痴を話してなぐさめあうだけでなく、お互いが知恵を出し合う。そんな、刺激し合えるコミュニティとなるような「大人の井戸端会議」が出来れば、と思っている。

（東京都品川区）

スマホで、孫とLINEを楽しむ

森本孝子　83歳

60歳で免許を取り、70代でパソコン教室に通い、80歳で念願のスマホを持った。契約は娘にしてもらったが、自分で取扱説明書を読み、分からないところは携帯のお店に聞きに行き、今では孫とLINEを楽しんでいる。周りの友だちは、「スマホなんて必要ないわよ」と言うが、こんなに楽しいものを知らないなんて、本当にもったいない。いつまでも新しいことに挑戦し、世の中の楽しいものには、遅れないようについて行きたい。

（千葉県松戸市）

また行きたくなる、四国歩き遍路

川井真理子　68歳

「二回も行ったの、歩き遍路に！千二百キロ、四百キロを40日も50日もかけて、一日も休まず歩き通したのなら、きっと何かが変わったのでしょうね」と皆さんおっしゃいます。いいえ、相変わらず煩悩にまみれた私です。ただ歩いている間、とりとめのない思いが浮かんではいては消え、消えては浮かぶ、あの時間が好きなのです。同宿のお遍路さんたちと交わす、夕餉を囲んでの和気あいあいとした会話など。優しく接待して下さる、地元の方々との触れ合いが懐かしく、また行きたくなってしまいます。あの苦しくて楽しい旅に。

（神奈川県横浜市）

40番札所「観自在寺」近く、満開の桜とともに

一人暮らしの健康管理

坂崎恵子　87歳

出会いの縁に恵まれず、ずっと独身を貫いてきた。80歳まで司法書士の仕事を続けてきたが、日進月歩するパソコン操作に追いつけず廃業。身内も近くにいない、一人暮らしのため、健康管理が一番大切だと思っている。それには、自分に適度な負荷をかけることが肝心と、毎日必ず一万歩ウォークを心がけ、布団の上げ下ろしもしている。

また、長年放送大学を受講し、年に数回のスクーリングにも欠かさず出席している。趣味のコーラス活動も続け、気の合った仲間とのおしゃべりが何より

の楽しみ。そして一日の仕上げとして、毎日欠かさず日記もつける。これも長年続けている習慣だ。これからも出来るだけ楽しく、心身の健康寿命をのばしていきたい。

（神奈川県川崎市）

体型維持と、健康の秘訣はテニス

広田真奈美　66歳

独身時代に何となく遊び感覚で始めたテニス。ようやくまともなプレイが出来るようになった頃に妊娠して、子育て中の10年間はブランクとなった。子供の手が離れてからテニスを再開。スクールにも通い、サークルにも参加し、試合にも出場するなど、その面白さにはまった。

以来約30年、前期高齢者と呼ばれる年齢になった今も、週2〜3回はコートを走り回っている。おかげで、これまで風邪ひとつ引かず、腰痛、肩こり、膝痛などとも無縁だ。シニアテニス連盟にも加入した（女性の加入資格は50歳以上）。私は年長のほうかと思ったら、とんでもない誤解で、70代以上の女性も多く、はつらつとプレイを楽しんでいる。体力と気力が続く限り、これからも体型維持と健康寿命をのばすために、テニスを続けるつもりだ。

（愛知県名古屋市）

多趣味の私

津島俊子　76歳

三人の子供たちも結婚し独立して行き、夫婦二人だけの生活になり、日々平穏に暮らしています。多趣味の私は、週4回健康体操のグループ（17年継続）、週4回混声合唱団（16年継続）、地元ボランティア月2回（10年継続）、ナンクロパズル（20年継続）その他にも紙ヒモ手芸、指編マット作りなど。何かをやっていないと、つまらないと思う性格なのです。これからも元気に続けて行こうと思っています。

楽しみながらのボランティア

静岡市社会福祉協議会の委託事業として、地元にS型デイサービス（地域ミニデイサービス）という、元気なお年寄りを対象にした、月2回の集いがあります。10年前からボランティアとして参加し、企画運営を13人の仲間と共に行っています。95歳の方を最高齢に、80代、70代の方々25人前後の会員さんたちと、軽体操や季節の歌、ゲーム、図工などをやります。共に楽しみながら、ふれあいを通して、地域の皆さんと顔なじみになれるのが、よいことだと感じています

（静岡県静岡市）

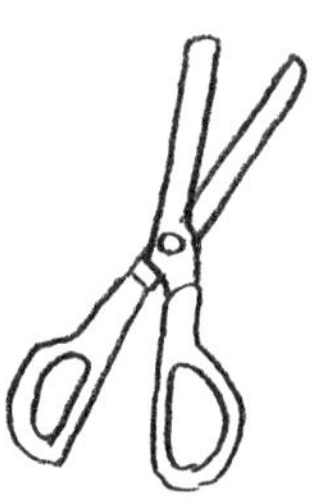

仕事と介護の両立

高橋明紀代　76歳

フルタイムの編集・制作の仕事に加え、別居

中ですが、介護が必要な妹（74才）への対応の日々です。留意点は自分自身の健康の維持で、そのポイントは食事、睡眠、運動です。食事は昆布と取り寄せ和風出汁のストックで、なるべく手作りの和食、運動は集合住宅7階の階段上り下り、睡眠は腕時計型器具で記録し、不足は約30分の昼寝で補います。このスタイルとリズムで、このままの暮らしを維持したいと思っています。

（東京都港区）

今に続く、「私の原点」

山中典子　75歳

私は池袋駅からバスで10分位の豊島区要町で育った。住居は2階建ての日本家屋で、父の趣味に合わせて、庭には樹木や四季を感じる草花が植えられていた。大きな鶏小屋もあり、お転婆な私は小学校から帰ると柿の木に登り、鶏小屋の屋根で編物や刺繍に勤しんだ。「群れ」を好まず、広々とした空間で「自由」を楽しむ、「私の原点」は今の姿に重なる。

野の舞台で舞う

すでに私は、75年間の時を刻んできた。後ろを振り向くことを好まず、持って生まれた楽天性に基づき歩を進めてきた。荒地を耕し、色とりどりの種を蒔いた感がある。カタチに残る資産は無いが…。豊かな人の輪に支えられ、好きなコトに精を出し、様々な

「舞」を舞ってきた。これからも私は、「偶然性の中の必然性」を「天命」として、美しく舞いたい。

（東京都豊島区）

地域の「茶の間」をオープンさせたい

亀井 緑 65歳

長年住んで愛着のある我が家。子供たちが独立して夫婦だけの暮らしとなった今、空いた部屋をそのままにしておくのも、なんだかもったいない。少しリフォームして、気の合った友人知人たちはもちろん、地域の人たちが気軽に集まれる場所、お茶やコーヒーを飲みながらおしゃべりが楽しめる、カフェのようなスペースが作れればと思っている。

（神奈川県横浜市）

老後を楽しく暮らす〝村〟をつくりたい

金田美代子 60歳

空家になる予定だった友人宅を譲り受け、10年前から、野菜を中心に旬の素材のおいしさを伝える和食処を営んでいる。将来は調理師専門学校時代の仲間や、地元の親しい人たち、職種も性別も年齢も異なる人たちと一緒に、老後を楽しく暮らせる〝村〟のような場所をつくりたい。自然豊かな森の中に家を建て、それぞれの得意分野を生かして、助け合える場所を模索中だ。

この地域なら、岡山県と鳥取県の県境にある

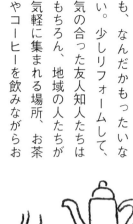

二組限定の和食処のお座敷

大山エリアか、兵庫県北部の高原などを考えている。山とスキーを愛する夫は、信州をその候補地の一つとして、長野県内のリゾートホテルで、シェフをしながら情報を収集中だ。

（岡山県総社市）

〝孫の手〟ならぬ〝婆の手〟で地域を元気に

長沢美鶴　71歳

知人男性の奥さんが亡くなり、遺品整理の手伝いを頼まれた。自宅に伺って分かったのは、長年連れ添った妻の思い出話を、同年代の私に聞いてほしいというのが本心だったこと。

周囲を見回すと、ちょっとした困りごとを手助けしてほしい、自分の思いを誰かに聞いてほしい人が多いことに気づいた。同年代には、手早く料理を作れる、掃除が大好き、裁縫が得意、字がきれいなどなど、暮らしの達人がたくさんいる。人生経験豊富なわれわれは、まさに人財の宝庫。長年培った知恵や技を死蔵しておくのはもったいない。

そこで、同じ考えの仲間を募って、猫の手のようなお手伝いサービスを提供する会社かNPOを、立ち上げたいと相談しあっている。

（群馬県前橋市）

80歳で住むところも、生き方も変える
新しい挑戦にワクワクしています

INTERVIEW

芳村真理さん　83歳

メディア・パーソナリティ

中学生のときから、人形町の伯母の店でお手伝い
下町の粋な風情が大好きでした

父も母も下町出身、人形町だから二人ともチャキチャキの江戸っ子。結婚して世田谷に移ったのですが、伯母は人形町の甘酒横丁のそばで、「伊勢梅」という小間物屋を経

営。私は中学の頃から店番を手伝っていました。

私は下町の中で、人形町が一番素敵だと思っています。その頃は芸者さんもたくさんいて、お正月になると、髪を結って黒の着物をお引きずりで着ていました。旦那衆と一緒にうちの店に来て、旦那衆がいろいろとプレゼントを買ってあげたり……。すると芸者さんたちは「ありがと」って言って、パタパタと黒い着物を引きずりながら、道を渡って向いの小さな神社で、「パンパンパン」と手をたたいてお参りしました。それが記憶に残っている下町のお正月の光景です。

お店が終わって寝静まると、遠くからお三味線の音や「カチカチ火の用心！」という声が聞こえて来る。三味線の音がだんだん近づくと、お二階の待合から女の人が声をかけるの。すると「へいっ」と男の人が立ち止まって「チントン、シャン」と4、5曲。終わると、上からチャリンチャリンって袋が落ちてくるの。それを子供心に「色っぽいなぁ」って思いながら聞いていま

目黒の家の前で母と（2歳）

した。あの頃の人形町は粋でした。

美味しかった母のおせち料理、それがないとお正月が来ませんでした

母の料理と言えば、おせち料理ですね。とても上手でした。私が好きだったのは、まず伊達巻。茶色ではなく、きれいな黄色、少し甘みがありました。そして煮物。鶏肉、ごぼう、八つ頭、れんこん、にんじんなどを入れた筑前煮。材料を一つ一つ違う味つけで煮る。それを大きなお鍋に全部入れて、最後の味付けするのが母のやり方でした。かぶを薄く切った甘酢漬。柚子の皮をいっぱい入れて、そこに薄く切った干し柿を入れる。甘みは干し柿だけ。干し柿の甘さと柚子の酸っぱさとかぶのシャキシャキが絶妙でした。

母、兄、妹二人と芳村真理さん（中央）

お正月の前になると、大きな寸胴鍋にお出汁を作っていました。初めに昆布で出汁

をとる。そこに鶏肉の皮や骨を入れて、椎茸をつけた出汁を適当に加えて、最後に削った鰹節を入れる。そうすると、とても美味しい出汁になりました。これにお酒や味醂などを入れたものが、お雑煮の汁。手間隙をかけていたと思います。

父方の祖母が下町育ちで、お料理がとても上手でした。我が家のおせち料理は、祖母と母が二人で完成したものだと思います。味は美味しく、盛りつけは美しく、子供心に見事だなあと思いました。これが、昔の東京の下町のやり方だったのでしょう。

二人の祖母からの厳しい躾

母は小唄を教えていて、昼間は出かけていることが多かったので、家にいた二人の祖母に厳しく躾けられました。小学校2年の頃、夏、朝起きると、私と妹の足首が着物の紐で巻いてありました。あの頃は家族皆が一部屋で寝ていましたから、女の子がだらしない恰好ではいけないと、うるさく言われました。

それから姿勢。私は今でも姿勢がいいですねと言われますけれど、これも祖母の躾。食事のときは祖母たちに「箸の持ち方がおかしい、姿勢が悪い」と、いつも正されていました。そしてお行儀。畳の上を歩いていると「また縁《へり》を踏んだ」と何度も注意されたので、今でも畳の縁は踏めません。台所も「汚れた食器はすぐ洗いなさい」「流しに洗いものを重ねるもんじゃない」と。もちろん反発もありましたけど、父も母も祖母たちを大事にしていたので、その祖母たちが言うことだから、聞かなくてはと思っていました。

母は前向きで天真爛漫、おしゃれのセンスも抜群でした

母は前向きで明るくて天真爛漫。明治の女にしては、しっかりという感じではなかったですけれど、面白い人でした。私が小学校2年のとき、東京の家が焼けてしまい、宮城県の石巻に家族で疎開しました。5年間でしたけれど、4年経ったとき、祖母と父と母が先に東京に戻り、兄と妹二人と私の4人は、仙台の知り合いの家を借りて暮らしました。そのとき家事は私がみんなやりました。

母がたまに仙台に戻って来るんです。その頃、東京と仙台は時間もお金もかかって大変でしたけど、心配で様子を見に来たのでしょう。「本当に御苦労さま、ありがとう。

映画を見せてあげるから行こう」と言うんです。私はうれしくて母と一緒に行きました。ところが、映画館の前に来ると「あなたはこの映画を見なさい。お母さんは隣の映画館に」と言って、さっさといなくなってしまうんです。自分が見たい映画があったから、私を連れて来たというわけだったの。見終わると、「良かったわぁー」なんて嬉しそうに言ってきました。でも、私はそのとき見た映画シューベルトの「未完成交響楽」が今も忘れられません。母は私が映画や音楽に関心があるのが、わかっていたのでしょうね。そんな母が大好きでした。

小唄の師匠だった母は、日舞も

外出のときの母は、いつもおしゃれをしていました。母が支度をして「行ってきます」と出かける後姿はとても素敵でした。その後姿は腰が上がって、草履よりかかとがちょっと出ています。「草履にべったりかかとが付くのはみっともない、粋じゃないのよ」と。5月になると、鰹縞の着物を着て、サッと日傘を差して、駅に向かって小走りに出掛けていく姿にはほれぼれしました。おしゃれ心は母ゆずりです。

祖母の置き土産　糠床の忘れもの「カクヤ」

一月に一回ぐらい、祖母は糠味噌の中のものを全部出して、きれいにしていました。そのときに、小さいな生姜、きゅうりやにんじんの端が出て来るんです。出て来た古漬けをお水で、何回も塩出しして、きれいに細切りにする。それをギューッと絞って、こんもりと三角の小山型にしてお皿に盛る。上にちょっと胡麻を振って、お醤油をたらす。これを「カクヤ」と言います。月に一度の糠味噌のお掃除で出来る一品。それを楽しみにしていました。ごはんにかけると、それだけで美味しい。今でも時どきお漬物が古くなると、思い出して細く切ってみるけど祖母のようにはいかない。あれは祖母の置き土産ね。

決してぜいたくなものではないのに、何でこんなに私の心を掴むものを、残していってくれたんだろうって思います。あの頃はかまどでご飯を炊いていたので、祖母たちが作ってくれる、おこげのおにぎりは美味しくて、特別のものでした。おこげに少しお味噌か、お醤油、それに胡麻。なかなか手に入らなかったけれど、海苔を細かくして、周りをふわっと包む。そのおこげのおにぎりは最高でした。

疎開した4年間は、自然にふれた素晴らしい思い出

母は疎開したときのことを考えたくないと言っていました。悲しかったと。でも、私は全部楽しかった。田舎暮らしの5年間が、私にとっては素晴らしい時間でした。一緒に疎開していた家族は、一人も懐かしくて田舎に帰りたいと言わないけれど。私は何回も帰っています。夢にまで見るくらい。

小学校6年のうち、4年以上いたのだから印象が強いのは当然だと思う。私の他にも東京から来ていた子もいたと思うけど、田舎の子しか覚えてない。「いじめたさ」なんて言うけど、そんなこと気にならなかった。それより自然の中で一緒になって遊んだ5年間が、大切で面白かった。今でも、山に行って目をつぶって深呼吸すると「秋の風」を感じることができる。空を見て「これが春の空」だってわかります。

林野庁の林政委員を頼まれたときに言い続けたのは、「小学校のときから毎年、田舎に行かせることが大切。それも同じところへ」と。そこで土いじりをしたり、収穫した野菜でお味噌汁をつくることは、その子の一生にとても影響があるということ。田舎にあるいいもの、強力な自然の素晴らしさを、子供は素直に身に付けるんです。私もそうでしたから。今も、森と都会の交流を進めているＮＰＯに関わっていますけれど、疎開したとき、自然にふれた素晴らしい体験があるからです。

森林と都市の交流イベントで植樹（北秋田市）

80歳過ぎて住むところも生き方も変える
心の贅沢を堪能したい

今のテーマは生活を変えるということ。湘南に住んでいて、東京までの行き帰りが車です。25歳のときから60年近く車に乗っていますけど、年齢やこれからのことを考えて、車で遠距離を移動する生活をやめて、東京に戻って来ようと思っています。

東京に居を移すと、これまでとは、全然違う暮らし方をすることになります。広々とした、体操が出来るくらいのワンフロアで暮らしたいな、なんて考えています。そのためにはまず徹底的に整理する。それは今やらないと。80歳過ぎたらなかなか出来ないですよ。でも、ありがたいことに私は健康だから、よし!今年中にやろうと思ったんです。

80歳過ぎてから、住むところも生き方も変えるというのは、どんなものだろうって。面白いでしょ。今は欲しいものはないし、本当に必要なものだけがあればいい。これからは今まで出来なかった、豊かで贅沢なたった一人の暮らし。そうすると、気持ちが豊かになって、いろいろなものを見たり、試したり、興味も広がると思います。心の贅沢を堪能したいです。

芳村真理（よしむら　まり）
1935年東京生まれ。ファッションモデルとしてデビュー。パーソナリティーとして「夜のヒットスタジオ」「料理天国」、ラジオでは「クローズアップにっぽん」などの番組を務める。現在は、テレビ、ラジオ、雑誌で活躍する傍ら、自然への造詣も深く、NPO法人MORI-MORIネットワーク副代表理事を務める。著書『一生、美しく』など多数。

女性たちによる、女性のニーズに応えた被災時の支援体制づくりへ

永原紀子　68歳
（女性の歴史研究会　総合女性史学会）

女性による支援活動の先駆となった「東京連合婦人会」。公的記録にはほとんど残されていない貴重な活動の記録は、被災者に寄り添う支援を進める上で大きな力となるでしょう。

① 関東大震災と東京連合婦人会の活動
（1923年9月〜1926年2月）

東京連合婦人会は、1923年9月の関東大震災後の救援活動を行うなかで、東京で初めて思想・信条・立場を超えて女性団体が大同団結した連合体である。女性たちによる活発な救援活動は注目されたが、公的な記録にはほとんど残されていないため、救援活動の内容は不明だった。私たちは女性史のグループ研究として、現存する各参加団体等での調査活動により、その詳細を明らかにし、2017年に『女たちが立ち上がった―関東大震災と東京連合婦人会』（折井美耶子・女性の歴史研究会編著、ドメス出版）としてまとめた。

同会の「理屈なしに実行から始めませう」で始まった活動から見えてきた「女性のニーズに応えること」「女性の視点を取り入れた支援体制の必要」と

いう課題が伝承されることなく、東日本大震災を経てもなお現代の課題であり、２０１５年の国連防災会議（仙台）で「女性のリーダーシップ促進」が掲げられ、やっと動き出したことを実感する。

以下、同会のいくつかの活動を紹介する。

② 東京連合婦人会結成のきっかけはミルク配り

東日本大震災の時、孤立した校庭に「ミルクＳＯＳ　２０４人分」と書いて、空からの救援を求めていた。東京連合婦人会結成のきっかけはミルク配りであった。震災のショックで母乳の止まった母親も多く、ミルクは乳幼児にはなくてはならないものであり、女性や子供への視点は欠かせなかった。なお、ここでのミルクとは缶入り練乳※である。

９月26日に基督教婦人矯風会の久《く》布《ぶ》白《しろ》落《おち》実《み》は、東京市社会局から5歳以下の乳幼児へのミルク配りの支援をたのまれた。参加依頼の手紙を女性団体へ届け、28日に12団体34人が集まって実質的な結成となる会合が開かれた。30日から、自由学園、ＹＷＣＡ、日本女子大同窓会の桜楓会等の16団体１３４人の参加で始まり、２週間配り続け、配達総数は５０００缶を超えた。それまでのサーベルをさげた巡査が配るより、女性が配るほうが、母乳の悩みなど、うちとけて話を聞き出すことができ、次の支援へとつなげた。

※１９１７年に和光堂が国産の粉ミルクを発売したが、未だ普及品ではなかった。２０１６年の熊本地震時には、フィンランドから「乳児用液体ミルク」が提供され、日本でも備蓄品としての検討も始まっている。

③「二重救済」を掲げた布団・衣類づくりと配給

寒さに向かうなか、布団は被災者にとって最も必要である一方、失業した女性たちの経済的な救済も重要だ。そこで、東京連合婦人会は「二重救済」を掲げ、これまでの無償で縫う女学生ではなく、失業女性に工賃を政府が負担して職を提供し、自活の道が開けるよう働きかけた。政府から50万円の資金を得、市から請け負った布団・衣類の縫製を被災女性の手で行った。これらを各所属団体が手分けして、必要としている被災者たちに配った。

翌年、東京府が千駄ヶ谷と目白に開設した大規模授産場の主任には、この時に中心となって活動した女性たちが就任し、当会での活動が事業へと発展していった。

この「二重救済」という考え方は、現在の災害時の救援にも大事な視点である。「ありがとう、すみませんと言って、何でももらって生きることはつらくなる」という声は、東日本大震災後に聞かれた言葉である。

④普通の女性たちが聞き取った罹災者カード調査

これまで紹介した「ミルク配り」、「布団・衣類づくりと配給」の活動と連動するのが、罹災者カード調査である。ミルクを配りながら記入したカード調査は、妊産婦、乳幼児などの生活状態や栄養状態を聞き取り、毎日、社会局に報告して救援につなげた。ここで実情を見聞きした女性たちは、当会独自の罹災者カード調査の実施へ動いていく。そして、これらのカードに基づいて、布団や衣類など必要な物を必要な所へ公平に配給した。

普通の女性による女性への聞き取り調査は、前例がなく、その意義は大きい。子どもを亡くした母親の気持ちに寄り添い、母乳の止まった母親への対応、育児や衛生面での相談など、女性の視点を取り入れた支援体制となる。被災者の話にじっくり耳を傾けることは、今もって大きな課題である。なお、「避難者カード」は東日本大震災後にやっと作成が始まり、妊産婦や乳幼児など「要配慮者」の項目設定があるのは約30％という現状に驚く。

⑤救済活動の経験から　新たな支援体制づくりへ

子供たちや母親を助ける喫緊の活動を終えた

当会の女性たちは、団体が連帯して活動することに大きな可能性を実感した。東京の復興計画に女性の考えや意見を反映させるために組織化し、５つの部―社会部、政治部、授産部、労働部、教育部―に分かれて活動した。政治部から、大きな二つの運動体が生まれる。一つは、「再生の東京に遊廓を再生せしむるな」とする「全国公娼廃止期成同盟会」である。ついで、１９２４年には、女性参政権獲得運動の組織が初めて一つにまとまる「婦人参政権獲得期成同盟会」（翌年、婦選獲得同盟と改称）を創立し、この運動に政治部としての活動は移行していく。

当初の目的を達成したのち、１９２６年2月の組織改編で、会の性格が大きく変化するため、これ以降の私たちの研究は、今後の課題とした。なお、解散は１９４２年12月8日である。

大正時代に渡仏、従軍看護婦として活躍した女性たち

救護班の一人、長野県出身の今井むめさん。（パリにて　1915年頃）

第一次世界大戦に日本が参戦した大正3年（1914年）に、日本赤十字社がフランスにむけて救護班を派遣した。人選に際しての条件は、「多少ノ外国語ノ素養アルコト、技倆優秀ナルコト、身体強健ナルコト、精神堅実ナルコト等」だった。その結果、全国から選ばれた看護婦20名と医師3名が、同年12月船でパリへ。

病院となった凱旋門近くのホテルで食事の様子。看護婦たちは料理人のような白帽をかぶっていた

「ことに看護婦の技に関しては、日本赤十字社看護婦として世界を舞台にしてなんら遜色なく、ただ体格がヨーロッパ婦人に比して矮小であるという不利はあっても、静粛で、綿密で、清潔で、親切であることが評判になった」（当時救護班医長であった塩田広重医師の著書『メスと鋏』（桃源社刊　1963年）より）。戦争の陰に、負傷した兵士のために献身的に働いた女性たちの姿があった。その働きは新聞でも評価を受け、フランス政府も功績を認めた。大正5年7月パリを発ち、9月13日帰国している。

山村の暮らし

古着を繋ぎ合わせて一枚の布に。家族の様子と暮らしが伝わってくる（岩泉町歴史民俗資料館所蔵）

山村には、昔からの風習や伝統が今も生き続けている。

それは、自然の恵みと先人たちの知恵に支えられた長い暮らしがあったからだ。

古いものが残っていた昭和初期。都会は高度成長で騒がしい昭和30年代。山村の暮らしはどうだったのか。岩手県岩泉町のもう一つの暮らしを紹介する。

※岩手県下閉伊郡岩泉町　面積は本州一広い。人口は約9500人（平成30年5月）。平成28年8月台風10号により被害を受ける。

構成・文　長井八美

自然の恵みと先人の知恵を、大切にして生きる料理は、ていねいに作れば何でもおいしい

INTERVIEW

坂本シゲさん 92歳

岩泉町 食生活改善委員会 元会長

華やかな嫁入り行列を再現しました

町を盛り上げようと、活動している若い人たちから頼まれて、昭和初期の嫁入り行列を昨年の暮れに再現しました。90代の、おばあちゃんたち3人で思い出しながら。衣装や長持ちなどの道具を、いろいろなところから借り集めました。袴から羽織の紐、足

再現された嫁入り行列（2017年12月）

袋、肌着までね。お嫁さんは、角隠しに花嫁衣装で、まず自分の育った家の神仏に手を合わせてお礼を申し上げ、両親にご挨拶、玄関で三《さん》枚《まい》杯《さかずき》（三三九度）をいただいて家を出ます。行列は先頭が露払い、お仲人、花嫁、迎えの人、送って行く人、嫁入り道具。そして、婚家へ向かいます。それは華やかなものです。再現した行列は20人くらいでしたけど、昔は90人くらいのものもありました。

　婚家に着くと、お嫁さんはお勝手から入ったもの。正面玄関からは入りません。入るときにも三枚杯をいただき、花嫁が花婿の待っている席に着いて、新郎新婦でそろって三枚杯をいただく。同じ岩手県でも途中まで、花婿さんが迎えに行くところもありました。私が結婚したときは、戦争中だったので質素でしたけど、同じようにやりました。

この辺りには、かつてはさまざまな風習がありました

お産をした人を岩泉では「産人（さんと）」と呼んで、家族の誰よりも大事にしました。産人は子供におっぱいをやらなくてはならないから、食事も特別。ここでは、戦後、少しずつ白米を食べるようにはなりましたが、白米が主食になったのは昭和30年代。その前は、ひえごはんが主食で、稗《ひえ》3割、大麦6割、米が1割。でも、産人は米6割、稗1割、大麦3割。それを別飯《べつめし》といって産人のために別の釜で炊きました。白米がとても貴重な時代の話です。雑穀でも、穀を食べられたことに感謝です。その頃は白米なんて考えたこともない。見たこともないという人が多かった。

昔は太陽が上がったら、お葬式はやりませんでした。朝飯前か、夕日が落ちてから。火葬場が出来る前は、野焼き。私が覚えているのは、親戚が薪を背負って集まって、薪を井桁《いげた》に積んでいく。私も娘時代には、庭から薪を背負い、背負えない分は引きずって行きました。井桁に薪を積み重ねた上に、仏様を棺に入れて乗せ、にがりを入れたかます（藁むしろを二つ折にした袋）をほどいて棺にかけて、仏様に直に火が回らないよう

にします。
男の人たち3～4人で夕方に火をつけ、夜明け前までに火葬する。火をつけたら、男たちはお酒を飲み始める。お酒の共は、塩と豆腐。豆腐は一本箸で食べる。交代で薪を積み、交替で寝る。私は、男の人たちが朝食の前に食べる、おばあちゃんが作ったおむすびを届けたものです。これを「朝ながれ」と呼びました。お年寄りなど、一度に食事をとれない人に、重湯《おもゆ》とか、卵の黄身を片栗で固めたものを、お茶碗に少し出す食事も「朝ながれ」です。

エジコの中で。昭和 30 年代
（写真：三上信夫）

「イジコ（エジコ、イチコ）」と言って、赤ん坊を入れておく籠のようなものがありました。母親が畑で仕事するときは、子供の腰から下を素肌にして、麻の布を敷いて入れておく。赤ん坊はその中で、おしっこもウンチもするけど、麻が下に敷いてあるから、ツルツルしてお尻が痛くならない。夜になったらその布を取って、子供はきれいに洗ってあげておしめに替える。「イジコ」の底には、さんだわら（俵の両端に当てる丸い藁のふた）が敷いてあって、その上に灰を入れる。おしっこは灰に吸収される。昭和の初めに育った子供はほとんど「イジコ」に入ってますよ。藁で保温性があるから暖かです。

いろいろなことを教えてくれた祖父と父

うちは躾が厳しかったです。父が仕事から帰ってくると、子供たちはみんな玄関に並んで、「お帰りなさい」と両手をついて迎える。たらいにお湯を入れて、地下足袋をぬがせて足を洗う。古いシーツを5つか6つに切った布で、足を拭く。地下足袋は汗でぬるぬるしているので、足を洗ったお湯につけて、よく洗いました。囲炉裏の端に竹が刺してあって、地下足袋はそこに干しました。

「炭すご」と言って、萱で編んだ炭を入れるものがあり

炭を入れる「炭すご」。今も使っている

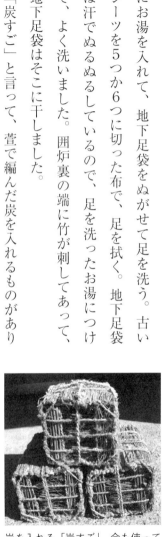

ます。これを縛っていた縄をほどき、祖父が川に浸して、1日かかって藁を打つとフワフワしてやわらかくなる。私は小遣いがほしくて、その藁に祖父が山から刈って来たススキを混ぜて、萱に通して「炭すご」を編む。一畳くらい編む。ところが、ススキが長くて余ったものや、折れたのものは、捨てられて粗末になる。

捨てられたススキを祖父が見て、しげちゃん、「炭すごや　元を正せば　枯れススキ　月と遊んだ夜もある」と言ったんです。祖父が山から刈って来たススキを、粗末にしたことが情けなくて、子供心に泣きました。「それはいけない、使いなさい」とは言わないんです。すごい人ですね。

「おせり（牛市）」にも祖父が連れて行ってくれました。親牛を50円で売ったら、10円で子牛を買うんです。そこで40円もうかる。これが家族の冬支度に。

父からもいろいろと教えてもらいました。今もアワビ酢は作っています。アワビの殻を干して、七輪の火で真っ赤に焼く。それを食酢に漬けると、殻は溶けて、影も形もなくなる。初めは濁っていますが、瓶に入れて1日置くときれいに澄む。酸っぱくて生臭いですが、蜂や蚊にさされるとか、漆《うるし》にかぶれるとか、応急処置にもってこいです。

今思うと、私は祖父と父の影響を受けて育ちました。

手をかけて食べるからおいしい

野菜のハシも何でも料理に使いますから、捨てるものがない。残飯がない。白菜やキャベツの葉をバラバラと、はいでしまう方が多いけど私はそれはしない。葉はきれいに洗って、みそ汁の具、おしたし、一枚づつ熱湯を通してサラダにします。カブや大根の葉は、菜っ葉汁に。それがおいしい。2ヶ月干して乾燥させ、ゆでて、刻んで、絞って、冷凍しておく。煮干しでお出汁をとって、入れて食べます。

保存食は、今でもばっけ（ふきのとう）味噌、ピーマン味噌、しいたけ味噌など作ります。晩に炊飯器に、麹と醤油とふきのとうを入れて保温すると、朝には麹も野菜もやわらかくなる。それを厚手の鍋で、水分を飛ばしながら固くなるまで30分くらい練り上げる。やわらか過ぎると傷みやすい。簡単といえば簡単。辛味がほしいときは青南蛮を最初に少し入れる。青南蛮は、前年の春に麹と醤油につけておく。その青南蛮が何ともいえないほどおいしい。熟成させておいて、軍手をして、涙をこぼしながら細かく刻んで容器に入れておきます。料理は手をかけて食べるからおいしいんです。今はこまめに手をかける人は少なくなりました。

紫蘇《しそ》の実と茗荷《みょうが》と青南蛮を細かく刻んだものも、冷凍保存しています。南蛮だけは苗を買ってきて植えます。植えておくと、いろいろと使えるから不自由しない。赤いものより青いものが辛さがやさしい。

山椒の新芽でつくだ煮も作ります。4月になったら、新芽を摘むために親指だけは爪を切らない。爪がないと新芽がとれないから。きれいに洗って、水を切って、つくだ煮にします。1年食べられて重宝します。

台所にはアワビの殻と南蛮が吊るしてある。南蛮は魔除けにもなるので、奇数にする

八重桜の花と葉っぱも塩漬けにします。花は七、八分の頃。よく洗って、塩漬けにして1週間経ったら、絞って太陽に当てて乾燥させる。梅酢に漬けるものと、塩をして冷凍保存するものに分ける。寿司に使ったり、桜飯を炊いたり。葉っぱは食べなくても入ると香りがいい。

八重桜だったら何でもいいというわけではなくて、香りがいいものを選びます。

先人たちの知恵を伝えたい

以前は、醤油も自分たちで作りました。自家製の味噌を沸かして、袋に入れて納屋にかけておいて、漏斗《じょうご》で瓶に静かにポタポタと落としたものが醤油。しょっぱくて味噌味。いわゆるたまり醤油。醤油を買ったときは、ごはんにかけて食べるのが一番のごちそう。本当に美味でした。

シゲさんの買い物カゴ。スーパーで豆腐や卵を買っても、平たく置けるので安心。古い背負いカゴに布を貼って自分でリメイク

砂糖を使う前の甘味料は、山百合の根。掘って来て、きれいに皮をむいてすり鉢でつぶす。小豆で作った団子に入れると甘くて美味しい。子供たちが喜びました。先人の知恵はたいしたものです。

生活が変わったのは、昭和30年代。洗濯機などの電化製品が入って来てから。洗濯は、スイッチを入れるとやってくれるんですから。昭和初期は、サイカチの実を石鹸やシャンプーの替わりにしました。その頃のことを思い出すと、今の生活は考えられませんね。

津波や地震や戦争、そして一昨年の台風。いろいろなことを体験しました。どれも体験した人でないと、その大変さは分からない。少しもよくならない生活の中で、困り果てたこともありましたが、その中で感じたのは、先人の知恵と自然の恵みの有り難さ、食べ物の大切さです。岩泉は山へ行けば、山菜や茸がある素晴らしいところ。昔からの風習や料理を通して、先人たちの知恵を次の世代へ伝えたいと思っています。

（岩手県岩泉町）

坂本シゲ（さかもと しげ）

1926年岩手県岩泉町に生まれる。岩泉が大好きで離れたことがない。尋常高等小学校、高等学校、青年学校に通う。子供の頃から畑仕事を手伝い、高校時代からは、だんだんと戦争が激しくなり、勉強はあまりできずに軍事訓練、飛行機の燃料となる松根油作りで働く。戦後は役場、農地解放のときは法務局で働き、その後、食生活改善委員会の会長として約10年間町内を歩いて指導。伝統料理の達人。伝統的な風習・習慣にも造詣が深い。

私が伝えたいこと

女たちの手から手へ糸紡ぎの歴史が手渡されていく

工藤厚子さん 88歳
「スピンクラフト岩泉」代表

草木染めの魅力にひかれて

1985年に岩泉町でも、村おこしのための一村一品運動が始まり、この辺り（褒《ほろ》綿《わた》）で、かつて盛んだった糸紡ぎを復活することになりました。私と同年輩の女性たちは、学校で糸紡ぎを習いましたから、昔とった杵柄で、それが身に付いていました。

その時に集まったのは、女性ばかりで30人くらい。みんな本当に嬉々としてやりました。原毛を洗う、染める、乾かす、ほぐす、梳《す》く、紡ぐ。染色は洗った時点で染める。私は、草木染めの魅力に取りつかれて夢中になり、冬でも朝4時頃から起きてやりました。それが「スピンクラフト岩泉」のはじまりです。この仕事を始めたとき、反対すると思った母が「誰が何と言おうと続けなさい。歳をとってから心の拠り所になる」と。その励みは大きかったです。母は手仕事が好きで、女が何もしないで座っているくらい、様にならないものはない。何かしら手仕事をそばに置いて座るものだと。始めた仲間は5人になりましたけれど、「この仕事があってよかったね」と言っていました。これがなければ、ただ土をいじって生涯を終わっていたと。

木や花に寄り添い、その恵みをいただく

木には切る季節があります。桜の花から桜色を出そうとしても、グレーとベージュにしかなりませんでした。家のそばにあった桜に、こんもりと咲いた花を取りました。すると、翌年花が咲かなくて。桜というのは、花を咲かせるために精一杯なんですね。桜は花が咲く前、芽が膨らみ始めた節分の頃に、染めると望む桜色が出ます。

山吹も同じ。山吹は強い木で、昔は羊の餌にしたというので、刈ってもいいと思いましたけど、やはりダメでした。もとのように咲くまでに5年かかりました。自然からはいただくという気持ちがなければなりません。わけていただくという気持です。

最初の頃は同じ色が出ないと、どこで間違えたのだろうと思って、初めからやり直したりしました。でも、植物と季節と場所によって、いろいろな色の出方があります。今は出た色を「今回はこの色」と、思えるようになりました。

クルミはいつの季節も同じ色が出ますけど、一番いいのはまだ中が白い時の殻。雨に打たれて落ちるのを集めておいて、それを使うのがいい。樹齢によっても違います。若いうち、芽吹いた頃が濃い色。でも、樹齢を重ねたもので染めると、色に深みがあります。時間が経つと品位がある。本当に植物から教えられることがたくさんあります。

これからもおだやかに生きて行きたいと思っております。（談）

（岩手県岩泉町）

工藤厚子（くどう　あつこ）

1931年岩手県岩泉町生まれ。1985年一村一品運動で、地元の20名の女性たちとともに、地域に伝わっていた羊毛の糸紡ぎを復活し、各地で展示販売会を行う。独特の色と風合いは人気が高く、全国にファンがいる。伝統的なものづくりを伝える「てどの蔵」で現在実演も行っている。「スピンクラフト岩泉」代表。

昭和30年代 山村の記録
女たちの暮らし

三上信夫氏の写真に見る
もう一つの日本の暮らし

昭和30年代〝日本のチベット〟と呼ばれた岩手県・北上山地の北部。特にふるさとである岩泉町を中心に三上信夫氏は人々の暮らしを撮り続けた。教員、指導主事、社会教育主事を歴任したが、岩泉町に赴任した際に、子供たち、女たち、家族、畑仕事などに焦点を当てながら、愛情溢れる眼差しで撮っている。

どの写真を見ても、三上氏は人々の傍らに、自然に寄り添い、写っている人たちと、同じ思いであることが伝わってくる。

鋤踏み（昭和 38 年　岩泉町安家・坂本）
フミスキは畑を起こすためにかかせない農具。一本の木で幹の部分を台の形に削り、枝の部分を火であぶり、調整しながら曲げて柄にする。岩泉町は山に囲まれ、小規模な畑が多いので、使い勝手がよく重宝された。

ムギ畑の草取り
（昭和30年　岩泉町岩泉・沢廻）
夏の農作業は草取りが忙しい。ユイトリ（隣人・親類などによる共同作業）で助け合いながら、女性たちは作業を黙々と続けた。

脱穀機
（昭和30年代　岩泉町釜津田）
昭和30年代に、動力付きの脱穀機が入って来る。労力が軽減され、脱穀風景は見られなくなっていった

その頃、「女は名前が書ければよい」と言われ、お母さんたちは名前以外に字を書くことは少なかった。三上氏が昭和33年頃からガリ版刷の連絡誌を始め、だんだんとお母さんたちも書くことに関心を持った。それが、文集「働く母」「おんな」になり、64集まで続いた。

歴史の舞台で、日の目を見ることのない山村の人々の歴史。しかし、今も昔からの風習や伝統が残っている。いつのまにか、もともとの日本人の暮らしから遠くへ来てしまった都会人たちにとって、暮らしを見直す鍵が隠されている。

昭和30年代まで、岩泉の主食はヒエで、広く栽培されていた。ヒエ飯、ヒエと麦の二穀飯、ヒエ粥などにして食べた。寒冷で、山が多く、水田を開くのが困難な地形であったため稲作の普及は他地域に比べて遅かった。ヒエの他、アワ、キビなどの伝統的穀物の栽培が行われていた。

その頃、米は手に入れるのが難しく、大変貴重な食料。米が栽培されるようになってからも、「岩泉三穀飯」と呼ばれるものは、白米の他に、ヒエ、大麦が入っていた。お母さんたちは、畑で働き、家では家族のために食事を作った。

ヒエシマ

(昭和 30 年代　岩泉町安家)

秋に刈り取ったヒエは、ヒエシマにして畑に並べられた。アワシマ、マメシマ、ソバシマなどもある

ヒエウチ

(昭和 36 年　岩泉町岩泉)

ヒエの脱穀は、マドイリ※と呼ばれる、手づくりの道具で打ちながら行われた

※マドイリ

野球のバットを作るタモの、三つ又になった枝で作る。固くて丈夫。

一軒の家に三世代が同居するのが、その頃の普通の生活。家族はそれぞれに役割を持ち、子供から年寄りまで母を手伝い、家の仕事をした。

囲炉裏は家族が集まる場所。三世代が一緒に楽しく過ごした。電気が入るまでは、囲炉裏が家族団らんの中心。

昭和30年代、日本の暮らしに大きな変化があった。三種の神器といわれた、洗濯機、冷蔵庫、テレビの普及により暮らしの様式が変わる。

昭和39年には東京オリンピック。東京―大阪に新幹線が走り、都会は浮き足立った。山村にも電化製品が普及、次第に囲

おタカ婆さんと語る孫

（昭和33年　岩泉町釜津田）

お婆さんは乾燥したトウモロコシの種をもぎ取り、孫は子守り。よく見られた光景。

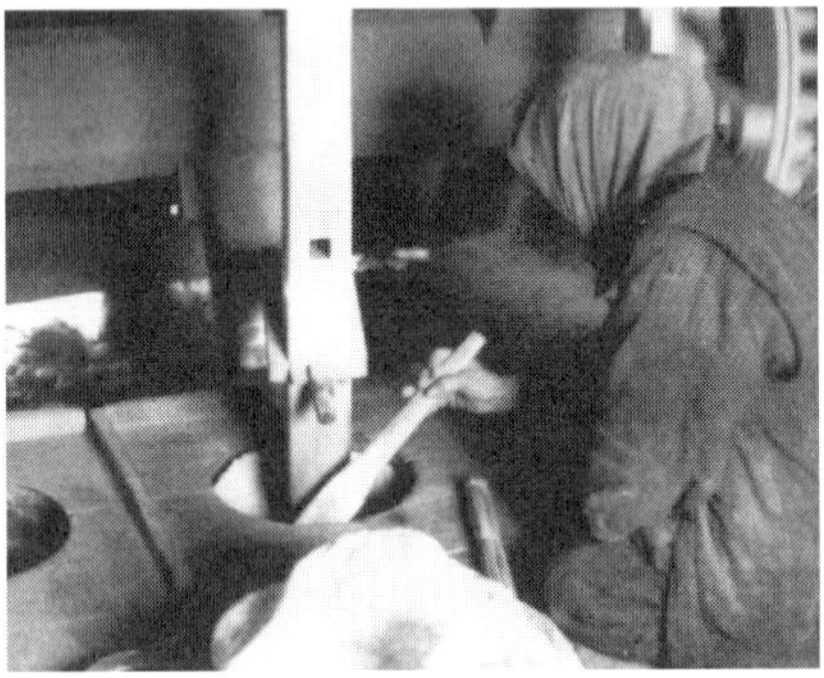

水車小屋の中で

（昭和33年岩泉町二升石・松橋）

水車小屋で穀物を搗く様子をみる老婆。女たちの仕事は多岐に及んだ

家族の団欒

（昭和40年　岩泉町安家・年々）

囲炉裏では、魚を焼いたり、豆腐を焼いたり、煮炊きをしたり。火を囲んで家族の心が一つになる、重要なコミュニケーションの場であった

炉裏は姿を消す。電化は女性たちに時間の余裕を作った。

「変わる暮らし、変わらない暮らし」山村には今も変わらない暮らしが残っている。

ある農家

（昭和 36 年　岩泉町安家・坂本）

約 60 年前の岩泉町の典型的な農家の景観。この写真からどのような暮らしを想像することができるだろうか

撮影：三上信夫
写真提供：三上れい子

変わらない暮らし
今でも変わらない光景

撮影：前川健彦

冬には、軒下に干してある地大根も凍る

寒いときに食べる凍み豆腐

マドイリで大豆をたたいて殻をとるマメウチ

刈った後、ソバシマが畑に立ち並ぶ

座談会

すっきり、淡々と ゆるく繋がる暮らし方へ

「これまで・いま・これから」を語り継ぐ

阿奈正子
（NPO法人「まちの駅ネットワーク本庄」代表理事）

澤登信子
（株式会社ライフカルチャーセンター 代表取締役）

長井八美
（株式会社青い鳥創業 代表取締役 副社長）

水野嘉女
（一般社団法人 高齢者活躍支援協議会 事務局長）

女が三人寄れば「姦しい」とか。では、元気で前向きなアラウンド70代女性が、4人集まればどうなるでしょうか。話題は、生まれ育ち、家庭環境から現在の仕事や活動、さらには、自分の身の回りの片付け、始末のつけ方まで、70年間の時空を超えて縦横無尽に飛び交いました。そして、これからを気負うことなく、心豊かに生きるための知恵や工夫や覚悟などなど、話は尽きることなく続いていきます。

継承されたＤＮＡと育った環境が導いた「今のわたし」

――まず、皆さんそれぞれの、これまでの生活史や物語を教えてください。現在の生き方の原点の一つは、かつての育ち方の中にあると思われますが。

阿奈　生まれは埼玉県の深谷。父は再婚のため、私は高年になって生まれた子で、あまり干渉されず、放任されてのびのび自由に育ったような気がするのね。結婚相手も私を自由に行動させてくれたので、今でも本庄のまちづくりなど、いろいろなことに挑戦し続けている。だから、過去を振り返って、どんな家庭環境に育ったからとか、親のどういう影響を受けたから、今の自分があるというふうにはあまり考えないわね。ただ、自由にさせてもらっているからこそ、自分の行動に責任を持たなくちゃという意識はある。

澤登　私も阿奈さんと同じように、何でも前倒しで行動するほうで、あまり過去は振り返らない。そんな私だけど、そういう感覚は育った環境で培われてきた部分もあると思うの。

父は小さな会社を経営しており、上に姉がいて、私は次女。周囲は男子の跡継ぎを望んでいたから、私が女の子として生まれた瞬間、みんなものすごく失望した。おまけに、それからしばらくして待望の男の子ができたので、期待はすべてそちらに移る。

私はそういう〝寂しいシャワー〟をたっぷり浴びて育ってきたのね。でも、期待されなかった分、自立心がついてのびのび生きることができ、よかったかもしれない。

弟は、女ばかりの中で育ったせいか気持ちが弱かったけれど、私は鼻っ柱が強かったので、弟が泣かされて帰ってくると、私が仕返しに行くこともしょっちゅう。周囲の大人からは「あんたが男だったらよかったのに」といつも言われていたの。

また、いろいろ気が付いて、ちょっとお節介で、という性格から、「信子さんは、本当にいつもヒマワリみたいね」ともよく言われていたけれど、それも〝寂しいシャワー〟を浴びたおかげで、反動的に身についた術だと思ってる。

水野 私もそれと同じようなことがあったの。私は、今は高知市に編入されているけれど、四国山脈の入り口にあたる山村生まれ。家族は、祖父母、両親、私、弟の6人。弟が生まれると、周囲は長男扱いして大切にするので、私はそれに反発して強くなった部分もありますね。やはり弟よりは気性が勝っていたみたい。祖父と母の折り合いが悪かったこともあり、もう高知を出たいと思って、関西の大学に進学。東京に出てきてからも結婚、子育て、仕事などすべて自分で考え行動してきたと思う。

長井 父が少年院の院長をしていて全国各地に転勤したので、私も何度も転校しました。最初の任地は千葉の田舎。小学校では「東京から来た子」ということで珍しがられ、デパートの話などよく聞かれたものでした。体育の時間は、それまでの小学校はコンクリートの校庭だったのに、土のグラウンドになったので、まずビックリ。おまけに他の子どもたちはあぜ道を裸足で駆け出し、私は必死で後を追いかけたけど、転んで肥溜めに落ちてしまい、さんざんからかわれたのも苦い思い出ですね。

大学時代から演劇をはじめ、東由多加さんの「東京キッドブラザーズ」に入団。父に猛反対され、友だちと一緒に布団を持って家出したんです。布団を持って、というところが当時ならではで、おかしいですよね。その後、従兄が父と私の間をとりもってくれ、芝居もいいけど、まともな仕事もするようにということで澤登さんを紹介されました。それ以来、ご縁が続いています。

澤登　私が長井さんと初めて出会ったのは、彼女が19歳、大学中退直後で、そのときは紙袋二つ抱えて生活していると言っていたわね。皆さんとの出会いもそうだけど、偶然出会ったように見えても、実はそこになんらかの必然があるのではないかと思うわけ。そして、関心が同じ人とは同じ方向に進んでいく。そんな風に、自分の身に備わったＤＮＡと育った環境によって、人は作られていくような気がしますね。

子どもも大人も日常の暮らしでつながっていた記憶

――明治、大正、昭和という時代環境や家庭環境も、成長過程にさまざまな影響を与えているでしょうね。

澤登　私は母より父の影響を強く受けていますね。次男だった父は山梨出身で苦学して大学を卒業し、会社を興した。よく言っていたのは「お金に負けるな」ということ。自分でお金を生み出さない限り、意味はないということらしいけど、躾もとても厳しく、贅沢は一切させてもらえなかったの。

洋服も教科書も、ずっと姉のお古だった。だから、お金は自分で稼がなければならないという覚悟だけはしっかり備わった。それは父に感謝しているところね。

それから昔、紙芝居があったでしょ。父は社会性があり、自分の子供たちだけに紙芝居を与えるのが気になったらしく、教育紙芝居の会社もつくって販売していたほど。その気風を姉も受け継いで社会的な活動をしているし、私自身ソーシャルマーケティングの仕事に長年携わっているのも、このあたりに原点があるのかもしれない。

水野 育った地域には紙芝居はなかったけど、実家はテレビを買ったのがわりと早くて、近所の人がプロレスや相撲を見にきていましたね。

澤登 そうそう。近所の人と一緒にテレビを見たり、隣の子がウチでご飯を食べたり、私が隣の家にご飯を食べに行ったり。そんなことも気軽にできていたような気がする。

――今は、子ども食堂とかコミュニティキッチンのように、人為的に他人同士が一緒に食べる機会をつくろうとしているけれど、かつては地域の中にそういう自然発生的なつながりがあった、ということですね。

阿奈 子どもの頃は、原っぱや道路とか、遊ぶところがいっぱいあって、陣地取りしたり、ロウ石で絵を描いたり……本当に子ども同士でいっぱい遊んだわね。ガキ大将がいて、お菓子を持っていかないと遊んでくれなかったりということもあって、いろいろ知恵もついたしね。

――今のように横並びの同学年同士でなく、年長から年少までタテの関係もあって、それが一つの社会的なトレーニングでしたね。

澤登 母親がセーターをほどいて編みなおした

り、洋服を縫ってくれたり、靴下の穴を繕ってくれたりしていた。ご飯でも、一粒も残さずお百姓さんに感謝して食べろと口酸っぱく言われたよね。

阿奈　おやつも手作りが多かったよね。ふかし芋とか飴とか。

澤登　父は明治40年生まれ、母は明治45年生まれ。父は自分の考えで好きに突っ走っていたから、母は「お父さんみたいな人と結婚しちゃダメだ」と口癖のように言っていたわね。母も仕事はしたかったと思うけれど、当時の社会的風潮から、外に働きに出ることは許されず、お茶やお花を教えることがせいぜいだった。だから母は、女として自分ができなかった生き方を、子供たちに期待したところはあったと思う。

モノと情報が溢れる時代だからこそ、捨てる覚悟をもつ

——皆さんが子どもの時期を過ごした時代と今日との一番の違いは、モノと情報量の圧倒的な格差ですね。

阿奈　今、女性がすごく元気で、男性より行動力がある。地域活動のために女性同士のラインのグループを作って20人以上参加しているけど、コミュニケーションがとても活発で、しょっちゅう連絡のやりとりをしています。だから「今どきの若い者は」とはちっとも思わない。むしろ、情報面でもわからないことが多くなってきて、こちらがついていくのが容易じゃないって感じ。

澤登　私などは、もうついていかなくてもいいや、と思うほう。それでもちっとも困らないし

ね。

阿奈　情報技術や社会はどんどん変わるし、あと5年か10年もすると、世の中はもっと変わると思う。それについていけないと諦めたくはないと感じているの。何より、ついていけないと、楽しくないでしょ。

――生活の知恵は、親から、さらにその親からと代々継承されてきたけれど、現在のＩＴ技術やＳＮＳに代表されるコミュニケーションは、根底から違っているから、その面に関しては、親の経験や知識を伝えられない。むしろわれわれのほうが、若い世代から教えてもらう必要があるわけですね。

水野　ただ、みんなフェイスブックでも何でも、そこまで自分を露出したいのかなと思ってしまうんだけど……。

澤登　レストランで食べて、そのメニューを写真で送って、それを送られて嬉しいのかなと思ってしまうよね。そういうことをしなくても不便でも何でもない。家族以外にも、仕事や趣味の関係でいろいろなコミュニティがあれば、それ以上はうるさいからいらないと思うほうなのね。

阿奈　私はそういうのが面白いと思っているの。この間も、とてもきれいなちらし寿司を食べて美味しかったので、初めてその写真を投稿したら、「いいね」がたくさん来て、ああ、こういうことなのかと、その面白さが分かった気がしたわね。

――〝インスタ映え〟する写真をたくさん撮って、送って反応があると嬉しいと思う人と、そういうことはしないけど別に生活に支障があるわけではない人とはっきり分かれていて、棲み分けになっているんでしょうね。

澤登　今は、情報もモノも捨てることが大切な時代になってるんじゃない？　モノをもつことがステイタスになる時代もあったけれど、自分でこだわっているものだけ残して、それでつながっていければいい。

自分の身の回りや住まいをどう整理するかが大きなテーマに

長井　今、断捨離ブームで、年齢に関係なく、みんな不要なものは整理したいと思ってる。私は長年同居していた母が、最近99歳で亡くなって、引っ越すために遺品整理をしたんですけど、たまりにたまったモノが本当に多くて処分に一苦労。包装紙とか紐とか、なんでこんなモノまで取っておいたのかと呆れるくらい。早く捨てないと大変なことになりそうだから、今度は自分の整理をしなくては。以前のような紙袋二つの生活に気持ちは戻らなければいけないな、と。

水野　でも、なかなか処分できないんですよね。91歳で亡くなった母は女学生時代が戦争中だったので、欲しいものが買えなかった反動か、保母として働くようになってからは、洋服、靴、バッグなどを買い続け、一度くらいしか着てないものもたくさんあり、処分するのが大変。弟が少しずつ捨てているけど、それでもとても追いつかないほど。もう何も考えず、廃品回収業者に全部出そうかと言うと、今度は弟がそれはもったいないと言って、どうにもできないでいます。

阿奈　残された時間を考えると、そんなにたくさんのモノはもう要らない。残したまま死んだら、残された人が困ってしまう。

澤登　親の世代は90代まで生きられても、自分はそこまで生きられるかどうかわからないから、時間はあると思ってはいけないかもしれないわね。

——これからは前向きに生きると同時に、残された人に負担をかけないように、自分の身の回りや住まいをどう整理するかが大きなテーマになってきますね。

阿奈　本庄でも空き家がどんどん増えてきているのよ。ウチでも明治時代の建物を解体することにしたんだけど、市からの50万円の補助金だけではとても足らなくて、結局170万円くらいかかった。でも、そこは更地になったので、負の財産を子どもたちに残さなくてよかったと思ってるところ。

水野　自分名義のマンションを将来どうするか悩んでいます。身内の若い女の子を居候させていて、彼女が欲しいと言い出すかもしれないけれど、そうでなければ、早々と売却して小さなアパートに住んだほうがいいかもしれない。

澤登　今は中古のマンションは売るのも難しいし、さらに高齢者はアパートを借りるのがもっと大変。今の賃貸マンションを終の棲家にする気はないけれど、他のところに引っ越すのも難しそう。

長井　私も先日賃貸マンションの契約が大変でした。65歳以上では、信用会社をつけてほしいと言われた。それがいやなら、65歳以上可という条件つきの物件を探すしかない。

——そういう意味では、家族がいてもいなくても、〝おひとり様〟として自分で最後の始末も考えておくことが大切なんでしょうね。

澤登　高齢者にとって、地域コミュニティの大切さはよく理解しているけれど、実際に自分が地域の人と関わっていけるか、そういう気持ちになれるかどうか、ちょっとわからない。長年、外で働いていると、会社勤めをしている男性と同じ感覚ね。

水野　私も長年仕事を続けてきて、地域とはあまり関わっていないので、隣室の住人とも、会えば挨拶する程度でしかない。

子育て中は、子供を介してそれなりに地域のつきあいがあったけれど、今はもうそういう関係もなくなっているし。

阿奈　それは私のところとは大違いね。向こう三軒両隣的なつきあいというか、煮物などを差し入れしあったり、ちょっと顔が見えないと心配して声をかけてくれたり。

40年近く同じところに住んでいるから、地域に根差している感じね。

生涯現役、地域の助け合いグループ、空き家カフェ……夢は無限に

——最後に、皆さんのこれからの夢をお聞かせください。

澤登　仕事を中心に置いた生活で、生涯現役をめざしているんだけど、私は父の影響で、お金がなくても生きていける力を多少は身につけていると思っているので、それは伝えていきたいわね。

長井　わたしたちの世代は、モノやお金がないのが当たり前で、なんとかみんなで分け合ってきた時代に育っているから、そこは今の人たちと大きく違うんじゃないかな。どんなことがあっても、何とか生きていけるような気がするけど。

阿奈　私の夢は、今進めている本庄の地域おこしのプロジェクト。本庄に里山を作ろうと自治体、地元の企業などにアピールし、NPOが複数連携して活動しているの。それに、地域の人にも協力してもらうために、ボランティアグループ「母子草」を結成して活動を呼びかけています。母子草の花言葉は、無償の愛。

自分の特性や持ち分を生かせる人が100人くらい参加してくれれば、いろいろな活動ができる。そういうこと全体で、今年からようやく動き出せそうなメドがついてきたんです。その夢が果たせて、運営、維持ができれば、後10年くらい活動して、自分の人生も終わりでいいかなと思っている。

長井　将来は中くらいの地域に住んで、そこで仕事が成り立てば、東京でなくてもいいので、候補地を探しているところ。いろいろな世代が混在していて、一緒に楽しく暮らせればいいなと思っています。私は演劇に関わっているので、ちょっとしたスペースで、演劇や音楽ができたり、お茶が飲めたり、そういうことができればなおよいのですけれど。

水野　私も仕事をやめたら、母子草のようなグループに関わって、自分たちで助け合っていける、地域の活動をしたいとずっと考えていたの。でも、70歳になったらちょっと疲れてきて、今は少しトーンダウンしているけれど、とにかく何かしていないと、時間を持て余して引きこもってしまいそう。それに、少しでもお金になるとありがたいし。

澤登　空き家がたくさん出てくるから、みんなで知恵を出し合って、それらを活用するという方法もあるでしょうね。

阿奈　そうそう。空き家を安く手に入れて、みんなで気楽にお茶が飲めたりおしゃべりができるカフェをやってもいい。私たちも「稼ぐまちづくり」を標榜しているから、いろいろ協働できそうですね。

澤登　一人で考えているより、いろいろな人と力を合わせて、ということよね。今までも淡々と生きてきているから、これからも気負うことなく淡々と生きていける気がします。

――夢をめぐってお話は尽きませんが、今日のところはこの辺りで。ありがとうございました。

（司会／構成：鶴野美代）

阿奈正子（あな まさこ）
1943年生まれ。埼玉県深谷市出身。地域住民、来訪者との交流を深め、本庄地域の魅力をアピールする「まちの駅ネットワーク」の活動を展開する他、地域を楽しく発展させる会「紡ぐ」代表も務める。（株）クリエイトANA取締役。埼玉県本庄市在住。

澤登信子（さわのぼり のぶこ）
1942年生まれ。東京都出身。20代で起業して以来、一貫して「生活者の視点」で企業や行政と連携・協働しながら社会の課題解決をめざす「ソーシャルマーケティング＆ビジネス」に取り組んでいる。また、NPO法人「MORIMORIネットワーク」理事、NPO法人「元気な120才を創る会」理事なども務める。東京都豊島区在住。

長井八美（ながい はつみ）
1949年生まれ。東京都出身。演劇がやりたくて大学を中退。1970年東京キッドブラザースの出演者兼制作としてニューヨーク公演に参加。現在、女性ばかりの劇団「劇団青い鳥」のプロデューサー。イベント・編集等の企画制作を行う。東京都世田谷区在住。

水野嘉女（みずの かめ）
1947年生まれ。高知市出身。高校まで地元で過ごし、関西の大学に進学。東京で結婚し、子育てをしながら、雑誌の編集者、団体職員などを経て、公益社団法人「長寿社会文化協会（WAC）」で定年まで勤めた後、現職。埼玉県富士見市在住。

1920年頃に制服
として採用された
セーラー服

時代と暮らしを生きる

明治、大正、昭和、平成と時代が変わる中で暮らしも生き方も変化。長い日本の歴史の中で生まれた、文化と暮らしと生き方は、次世代の人たちへの贈り物になる。

衣服とファッション

最近では身にまとうもの、着る服の意味をもつ「衣服」を使う人は少なく、代わりに「ファッション」が日常語になっている。それでも今から90年も前に、初めてファッションショーが開催されたという。この時、モガ（モダンガール）たちが脚光を浴び、おしゃれに興味がない人たちにも刺激を与えた。

日本の衣服である着物から、西洋の洋服を身につける嬉しさと戸惑いである。最初は気恥ずかしさがあっても、着なれてくれば自分流の着こなしに自信がつく。これが衣服・ファッションの魅力であり、着る幸せを満足させてくれる魔術が潜む。

着る人が主役の
ミニスカートや
パンタロン

1941年頃に女
性運転手が登場

　制服で知られるセーラー服は、英国海軍の水兵服がモデルだという。最初に取り入れたのはミッションスクールで、学校によってワンピース、ツーピースがある。母や祖母たちと共に語れるセーラー服の魅力は、遠い青春時代の想い出につながる。

　日本のファッションの移り変わりや、流行を繙《ひもと》くとモンペからスカートへ、モダンガールの登場、ジーパンの流行、アイビールック、ヒッピーファッションと続く。その後もパンタロンやホットパンツ、マキシスカートやマンボスタイルなど、いつの時代にあっても、衣服・ファッションは華麗なる主人公《ヒロイン》といえる。

　何でもありの昨今に、存在しない言葉は「流行遅れ」かもしれない。

食文化の変化

日本には春夏秋冬の四季があり、季節の行事にあわせた食生活は、遠い昔からの文化遺産でもある。

春は桃の節句と散らし寿司、お花見は重箱に詰めたお弁当。端午の節句は鯉のぼりと柏餅、七夕祭りは西瓜《すいか》と氷菓子、お月見は月見団子など、暦をめくる楽しみがある。

お正月は、おせち料理とお雑煮と七草粥。節分には玉子や胡瓜《きゅうり》、穴子など七種の具材を巻いた恵方巻き。北海道から九州まで、地方によって具材の違いはあっても、古くから伝えられてきた食文化は、家族にとって懐かしい想い出に。家族団欒の風景から核家族の生活様式、そして個人スタイル・個食も珍しく

食事は家族揃ってちゃぶ台で

サンドイッチやおにぎりも
近くのお店で手に入る

洋風にダイニング
テーブルで食事

1955年頃に発
売された電気
炊飯器

ない。それでも祖母や母たちの、白い割烹エプロン姿は鮮明に記憶している。

「いただきます」と「ごちそうさま」の食事風景には、愛情という名の隠し味がプラスされているはず。戦争によって食糧事情が悪くなり、そのたびに外国からの食材や調理法が定着した。海外からの食生活は上層社会の人たちのものだったが、明治40年には三越に食堂がオープンした。

洋食が一般家庭に広まったのは大正10年、スーパーマーケットが誕生したのは昭和27年である。袋入りインスタントラーメンの発売は、昭和33年で今から60年前である。12年後の昭和45年は大阪万博の時で、ファミリーレストランがオープンし、缶入りコーヒーも店頭に並んだ。

食文化、食生活の変化は飢餓と飽食と共に、食育の大切さを教えてくれる。

住居のスタイル

山林や田畑などが広がる景色の中に、平屋建ての家に風情があったのは遠い日のこと。昨今の住居スタイルは、都心でなくても集合アパートやマンションが増えている。昔は、三世代や二世代の家族が一緒に暮らすのが普通だった。

平屋造りの家は襖や障子で仕切ってあるが、いつでも開けて広く使えるので便利だといわれた日本家屋。その反面、喜怒哀楽の声が仕切りを越えて、行き交うことも多い。それでも日本式住居の中心にある、家族が集う卓袱台《ちゃぶだい》が絆を深めてくれた。円いものと正方形、長方形があり、たためるので場所をとらず重宝だった。

いろりで調理をし、
そこで食事もできる

のどかな風景の中
に、たたずむ平屋
造りの家

その後は、通勤に便利な社宅や集合住宅（団地）が建設された。それまでの台所と食堂、居間、寝室、風呂場などがダイニングキッチン、リビングルーム、ベッドルーム、バスルームなどと洋風の名前に！敗戦と共に時代が明治、大正、昭和と変わり、住宅不足が深刻になって集合住宅が増えたという。

大正モダンと言われた時代は、衣・食・住に西洋文化が影響して、洋室を取り入れた住宅は文化住宅と呼ばれた。家の中もローソクの時代からランプ、電灯と多様化で明るく住みやすくなる。それでも農村では変化のない状態だった。

台風、地震、森林火災など自然災害の多い日本列島では、木造家屋からコンクリート製、鉄筋の建物と地盤との闘いが続いている。その昔は寝るための家だったが、その後は狭いながらも愉しい我が家になり、今日ではライフスタイルが変化し、空間デザインと快適さの追求がキーワードのようだ。

洋館だ！と憧れた、洋風の家

部屋の掃除は、はたきとほうきと雑巾で

女たちの「暮らしの物語」を解読する

すでに、女性の三人に一人は「高齢者」

本書に関わった女性は、生活記録レポート（以下、レポート）、インタビュー、座談会、情報提供などを通じて、約100名にのぼる。最高齢は、インタビューに登場していただいた日本初の女性報道写真家、笹本恒子さん103歳。もっとも若い人は60歳で、その中間を70歳代、80歳代、90歳代が占める。居住地は首都圏に偏りはあるものの、出身地も含めれば、九州から北海道までほぼ全国にわたっている。

総務省統計局によれば、2018年4月1日現在、日本の総人口の概算値は1億2、653万人（男性6、156万人、女性6、497万人）。このうち、60歳以上の年代別人口は【表1】の通りであるが、【表2】にまとめたように、60歳以上の女性人口が全女性人口に占める割合は36・8%にのぼっている。前期高齢者（65歳）以上の人口に限定しても30・8%を占め、すでに全女性の約3人に1人が「高齢者世代」に達していることがわかる。

もう一つの大きなポイントは、どの年代でも女性の数が男性の数を上回っていることである。特にこの差は、80歳以上で顕著になる。女性のほうが平均寿命が長いことに加え、この年代の男性は、満州事変から太平

【表1】60歳以上の男女人口 単位：万人

年齢区分	女性	男性	男女計	男女比（%）
60～64歳	389	378	766	51：49
65～69歳	496	465	961	52：48
70～74歳	426	377	802	53：47
75～79歳	374	303	677	55：45
80～84歳	316	219	535	59：41
85～89歳	227	121	349	65：35
90～94歳	120	44	164	73：27
95～99歳	36	8	43	82：18
100歳以上	6	1	7	86：14
計	2,390	1,916	4,306	56：44

出典：総務省統計局「人口推計―平成30年4月報―」(平成30年4月20日)より改変
注）単位未満は四捨五入のため、合計数と内訳数が一致しない場合もある。

【表2】60歳以上の女性人口が全女性人口に占める割合

年齢区分	女性人口	全女性人口に占める割合
60～100歳以上	2,390万人	36.8%
65～100歳以上	2,001万人	30.8%

洋戦争と長年続いた戦争による戦死や傷病死の影響が大きいことを差し引いても、高齢期になればなるほど「おばあさん化社会」が進むことを物語っている。

戦争体験の有無が価値観や、生き方に決定的な影響を及ぼす

60歳代から100歳以上の女性たちは、「高齢者」とひとくくりにされても、その年齢差は40歳以上、親子以上の開きがある。しかも、その間には、太平洋戦争が勃発している。どの年齢、どのライフステージでこの戦争を体験したか、あるいは体験しなかったかで、生き方、考え方、価値観に大きな差が生じることは容易に推測できる。そこで【表3】のように、女性たちの生まれた年によって世代別に分類し、その傾向をおおまかにまとめてみた。

【表3】60歳以上の女性の世代別分類とその特性

世代名称	生年／2018年時点の年齢	主な特性
大正世代	1912～1926 (92～106歳)	・親は明治世代 ・幼年期に第一次世界大戦、関東大震災、10～20代で太平洋戦争（以下、「戦争」と表記）に遭遇する。 ・見合結婚がほとんどで、「産めよ殖やせよ」を強いられる。 ・団塊世代を中心にシラケ世代までにかけての親となる。
昭和ヒトケタ世代	1926～1934 (84～92歳)	・親は明治～大正世代 ・学齢期に戦争に遭遇し、戦時下は勤労動員、疎開、戦災など、戦後も闇市の窮乏生活など受難を強いられる。 ・戦前の平穏な暮らしを語れる最後の世代。 ・主にシラケ世代の親となる。
戦中世代 (焼け跡世代)	1935～1946 (72～83歳)	・親は明治末～大正世代 ・幼児～少女期に戦争に遭遇し、疎開体験も多い。 ・戦前の軍国主義、戦後の民主主義の二重教育を受ける。
団塊世代	1947～1949 (69～71歳)	・親は大正世代が多い。 ・戦後第一世代として人口を急増させる。 ・戦後復興期に育ち、経済成長、東京オリンピック、大学紛争などを経験。 ・見合結婚と恋愛結婚の比率が逆転し、友達夫婦、ニューファミリーなど、核家族中心の新しい家族関係の基礎を築いた。
シラケ世代 (ポスト団塊世代)	1950～1965 (53～68歳)	・親は大正末～昭和ヒトケタ世代 ・ポスト団塊世代、新人類とも呼ばれ、大学紛争などの反体制運動の後、何事にも醒めているとされる。

注）年齢は2018年1月を基準にしている。

性たちの暮らしの物語を読み解いてみよう。

暮らしの記憶と記録から見えてきたこと

以上の世代特性を念頭におきながら、レポート、インタビュー、座談会で語られた女性たちの暮らしの物語を読み解いてみよう。

●先人たちの努力で実現した、今日の女性の多様な生き方

明治から平成の今日に至る間に、女性のライフスタイルは劇的に変化した。家父長制度が支配していた戦前は、嫁いだ女性は誰よりも早く起き出して、炊事、洗濯、掃除を担い、また出産ぎりぎりまで働き続けていた。その過酷な生活ぶりはインタビュー（加藤タキさん、服部津貴子さんの母の例）でも語られている。

当然、進学や仕事、結婚の面でも大きな束縛があった。それが端的にあらわれているのは「祖母、母の思いを三代目にして実現」（Uさん60歳）のレポートだ。明治生まれの祖母は進学も結婚も自分の意志を貫けず、大正生まれの母は大学に進んで恋愛結婚したが専業主婦の道を選ばざるをえなかった。三代目にあたるUさんは、彼女たちの自

立心を受け継ぎ、自由に生きることができたと述べている。

古い家族制度や時代の〝常識〟にとらわれず、美容、ファッション、政治、教育など多くの分野で自らの生き方を貫こうとした先人の努力のおかげで、今の私たちは多様な生き方を選択できていることを忘れてはならないだろう。

●「和食」の魅力を再確認し、豊かな食文化を継承しよう

「和食：日本人の伝統的な食文化」がユネスコ無形文化遺産に登録されたが、これは決して高級な懐石料理ではなく、あくまでも家庭の日々の食事が対象である。そしてその特徴は、①多様で新鮮な食材とその持ち味の尊重、②健康的な食生活を支える栄養バランス、③自然の美しさや季節の移ろいの表現、④正月などの年中行事との密接な関わり、とされている。

たしかに、インタビューやレポートでも、かつての食卓風景として、地元の旬の材料を活かした、一汁三菜が基本の献立を家族や同居人（住み込みの職人など）とともに食べる光景がしばしば語られている。また、冷蔵庫、電気釜などの電化製品が普及する以

前は、三度三度の食事づくりは女性にとって大きな負担ではあったが、昆布や鰹節から丁寧にとられた出汁、削りたての鰹節、手間ひまかけて作った梅干しや梅エキス、竈《かまど》で炊いたお釜のご飯や底に残ったおこげで作ったオニギリ、それぞれの家で工夫し大切に使い続けた糠床など、時間をかけたからこそ味わえる豊かな食の思い出も数多く語られている。

しかし、現在の食卓はどうだろうか。食材は飛躍的に豊富になったが、個食化が進み、栄養のバランスも崩れがちな今日、「私たち自身が、もっと真剣に日本の正しい食生活を次の代に継承していかなければならない」(服部津貴子さん)という警鐘を改めて重く受け止める必要がある。岩泉の伝統料理の達人、坂本シゲさんは「食生活の中にある昔の知恵を残したい」という。都市より変化の少ない山村の生活者から学べる食や暮らしの知恵も多いはずだ。

●節度ある丁寧な暮らし方を見つめなおす

四季のはっきりした日本では、節句ごとに行事があり、それらが暮らしに彩りを添えてきた。多くの家庭でそれぞれの歳時記があり、たとえば、正月を迎えるための準備や大掃除など家族行事として取り組んでいた様子が生き生きと報告されている。さらに、無尽、お寺参りなど地域での行事も多く、今よりは地域の人びと同士の交流が多かったことが伺える。

また、人間関係についても、「分相応」「感謝とお返し」「おもてなしの心」「時間や約束を守る」「お福わけ（おすそわけ）」などの言葉に象徴されるように、節度ある丁寧な対応を祖父母や両親から教わったというレポートも多い。その背後には「言葉やしぐさ、気持ちに人間の本性があらわれるが、それらはお金では買えない」という心のもちようがある。こうした精神に基づいた暮らし方は、いつの時代にあっても基本の価値として次の世代へと繋げていきたいものだ。

住まいに関しても、育った家庭では、「顔」としての玄関と勝手口の使い分け、季節を感じさせる床の間の花や掛け軸など、日常空間のしつらえにも細やかな工夫がなされていたと記憶を辿るレポートもあった。住まいが洋風化された今日、座敷や床の間もない家庭が多くなったが、楚々とした美しい暮らし方の心はこれからも大切にしていきたい。たとえば、古い手火鉢を観葉植物のカバー鉢に、四合とっくりを花瓶に転用している例（Kさん65歳）など、工夫次第で、かつての住まい方を現代の暮らしに合わせて演出することもできそうだ。

●創意工夫を活かした手作りの技が、豊かなコミュニケーションを広げる

高度経済成長時代以前は、多くの日常生活財は「買う」より「作る」ほうが主流で、母親が作ってくれた、よそいきの洋服、縫いぐるみ、アップリケつきの傘、セーターをほどいた毛糸で作ったあやとり、着物の端切れを利用したお手玉などの思い出が数多く語られている。同時に、それは愛着のあるモノの記憶だけでなく、母親と一緒に過ごした楽しいコミュニケーションの記憶としても深く心に刻まれているようだ。

遊びについても同様で、「自分たちで考え、自分たちでお人形を作り、着せ替え服を作る。年長の友だちから受け継いだ作り方に工夫を加え、年下の子たちに教えていく」（Oさん75歳）のように、異年齢の仲間の中で知恵が継承されていった。空き地や原っぱで夕方まで思う存分遊んだという思い出も多く、タテ関係の中での遊びの経験は、最

初の社会的トレーニングとしての意味もあったようだ。

現在、縦割り保育や子ども食堂などが注目されているのも、こうした異年齢同士の遊びや食を通じた交流の重要性が再認識されているからと言えるだろう。

●戦争体験と記憶の、伝承への強い想い

戦後生まれ世代を除けば、ほとんどの女性が直接的・間接的に、戦争の被害を被っている。東京や横浜の大空襲で家族や友人を失い、焼け跡の惨状を綴ったレポート（Eさん83歳、Sさん87歳）は胸を打つが、終戦後70年以上を経て、戦争の記憶が風化しつつある今日だからこそ、祖父母や両親の体験を次世代に語り継がなければならないという思いを表明するレポートも少なくない。

一方、抑圧された戦時下の暗い話ばかりではない。「戦時中の義父の恋文」（Mさん70歳）のように、遠く離れた義母とのつかの間の逢瀬を恋い願って義父が何通もしたためた手紙などの微笑ましいエピソードもあり、どんな時代でも、愛する人を想う心は不変であることに勇気づけられる。

●「生涯現役」として、それぞれのＩＮＧ人生を楽しむ

本書に登場する多くの女性に共通しているのは、「生涯現役」志向で、趣味、仕事、ボランティア、仲間づくりなどを通じて、「今」を大切に、楽しく、生き生き暮らしていることである。インタビューでは、美容や食の専門家、イラストレーター、コーディネーター、工芸作家など多方面で活躍する方々が、それぞれの生き方や暮らし方について個性豊かに語っているが、レポートでもその傾向は顕著にあらわれている。

たとえば、半世紀以上にわたって訪問販売化粧品の仕事を続けているKさん（92歳）や、ほぼ毎日、趣味とボランティアで外出し充実した日々を過ごすTさん（76歳）はその典型だろう。また、一人暮らしには健康維持の自助努力が不可欠だが、その点、Sさん（87歳）は、毎日の一万歩ウォーク、布団の上げ下ろし、日記をつけることを心がけ、趣味のサークル活動、通信教育の受講など、心身に適度な負担をかけ続けている。あるいは、60代で運転免許を取得、70代でパソコン教室に通い、80代でスマホを契約して、孫とラインを楽しむMさん（83歳）のように、新しい技術や情報への好奇心が暮ら

しのアクセントになっている人もいる。

まさに皆さん「〝後期高齢者〟〝独居老人〟などのお愛想なしのレッテルにめげないタフさ」（田村セツコさん）を備え、今も進行形で生きていると言えるだろう。

超高齢化と少子化の同時進行で、日本の人口は今後急激に減少し、「〝末広がり〟から〝尻すぼみ〟の家系図」（Uさん69歳）の時代となる。人口構造的に大きな割合を占めるシニア世代の女性たちは、単に人数が多いというだけでなく、これまでの暮らしの知恵や文化をとだえさせることなく、これからの暮らしのありようを伝えていく上で大変大きな影響力をもつ。

暮らしの〝ど真ん中〟にいる、こうした女性たち一人ひとりの知恵と行動の輪がつながっていくことを願ってやまない。


（文責：「暮らしの物語」編集委員会）

おわりに

まだ会えない「あなた」に

すべての物事には光と影があります。眩しすぎるほどの明るい陽光の奥に、暗い深淵が潜んでいることもあれば、漆黒の闇の中に一筋の光が差し込んでくることもあるでしょう。それは、どんな時代、どんな社会でも同様で、必ず光の部分もあれば影の部分もあります。しかし、確実に言えることは、無数の人々の暮らしの営みがつながって、今の私たちの暮らしがあるということです。

そこでわれわれは、明治、大正、昭和、平成という激動する時代の中で、ときに社会の潮流に翻弄され、ときにその先端を駆け抜けながらも、ひたむきに、堅実に、丁寧に生きた女性のモデルを「暮史《くらし》知恵子さん」と名付けました。そして、生活記録レポート、インタビュー、座談会を通じて、それぞれの記憶と想いを存分に語っていただきました。それは同時に、彼女たちの生きた時代の光と影の部分もあますことなく照らし出す物語になっています。

この本を通じて、私たちは、多くの個性豊かな「暮史知恵子《くらし》さん」に出会うことができました。しかし、まだまだ無数の「暮史知恵子《くらし》さん」たちが、それぞれの暮らしの場で知恵や人の輪をつないでいるはずです。いつかまた、どこかで、こうした女性たちに出会えることができたら、とてもうれしく思います。

最後になりましたが、本書の制作にあたっては、生活記録レポートを執筆していただいた方々、インタビューに快く応じてくださった方々、資料や情報を提供してくださった方々をはじめ、本当に多くの方々のご協力をえました。本書はこうした方々の協力なくしては完成できませんでした。巻末に許諾を得た全協力者のお名前を掲載させていただいていますが、改めてこの場を借りて、心からお礼申し上げます。

「暮らしの物語」編集委員会
鶴野美代

協力者のみなさま（敬称略・五十音順）

藍田恭子
秋本英子
阿奈正子
有松美保
飯田有紀子
石田由美
生方すず
井上昌子
上田千鶴子
海野ハヤ子
遠藤和子
遠藤慧子
大竹陽子
岡田信子
奥定瑞恵
押田洋子
尾上静子
加藤タキ
金田美代子

亀井 緑
唐澤美智子
川井真理子
川端郁子
工藤厚子
工藤リセ
国長登美子
栗原慶子
黒木春子
黒木三世子
小松ひとみ
小山玲子
近藤麻衣
坂崎恵子
坂本シゲ
佐々木摩季
笹本君代
笹本恒子
佐塚純子

佐藤郁枝
ジェニー牛山
末永和代
曽根禮子
高橋明紀代
玉川慧子
田村セツコ
段原妙子
津島俊子
土井千種
長井正見
長沢美鶴
中野美幸
長谷千恵
中原加代子
永原紀子
新田敏子
丹羽ゆきこ
信澤昭子

長谷川幸恵
服部津貴子
原 久子
平岡右子
平田美知代
広田真奈美
福井佳乃
福田順子
本多敬子
前川健彦
松本紀子
丸田ハツエ
水野恵美子
水野嘉女
三保百合
三好保江
村上克江
村田和代
村山民子

望月俊子
森本孝子
山縣睦子
山路雅子
山中典子
山本かつゑ
吉岡玲子
吉田みのり
芳村真理

岩泉町教育委員会
NPO法人MORIMORIネットワーク
カバヤ食品株式会社
河出書房新社
つぴたあれ実行委員会
リヴァープレス社

参考文献・資料

『くらしの昭和史――昭和のくらし博物館から』小泉和子著（朝日新聞出版 2017年）
『こうして女性は強くなった――家庭面の100年』読売新聞生活部編（中央公論社 2014年）
『百年の女――『婦人公論』が見た大正、昭和、平成』酒井順子著（中央公論社 2018年）
『美しい「大和言葉」の言い回し』日本の「言葉」倶楽部著（三笠書房 2015年）
『「女活」の教科書 自治体編』スマートエイジングネット著（マスターリンク 2016年）
『未来の年表――人口減少日本でこれから起きること』河合雅司著（講談社現代新書 2017年）
『住みつなぎのススメ――高齢社会をともに住む・地域に住む』住総研高齢期居住委員会編（萌文社 2012年）
『親の家を片づける』ゆうゆう特別編集（主婦の友社 2013年）
『私の人生をつくる本』Ｍ＆Ｌプロジェクト編（ＮＴＴメディアスコープ 1997年）
『気持ちのデータ』ゆ・と・り・す・とクラブ／生活文化研究会（プレジデント社 1990年）
『昭和史のおんな』澤地久枝著（文藝春秋 1980年）
カタログ「昭和のくらし博物館」（2016年）
記録映画「昭和の家事」解説ブックレット（2010年）
『日本の林業 第一巻』NPO法人 MORIMORIネットワーク著（岩崎書店 2008年）
『森と水の国岩泉』（NPO法人 MORIMORIネットワーク　2014年）
『ひとすじの道』（加藤タキ 2002年）
『木を育て森に生きる』山縣睦子著（草思社 1998年）
『100歳のファインダー』笹本恒子著（東京新聞 2014年）
『フラワーデザイン教室』笹本恒子著（鶴書房 1967年）
『きれいは命の輝き』メイ牛山・ジェニー牛山共著（株式会社グラフ社 2002年）
『美と健康のレシピ』ジェニー牛山著（講談社 2018年）
『毎日生きているのが楽しくてしかたがないわ』ジェニー牛山著（学校法人メイ・ウシヤマ学園 ハリウッド大学院大学出版部 2009年）
『緑苑　52号』（鎌倉女子大学 2018年）
『致知　2015年 10月号』（致知出版社）
『田村セツコ　HAPPYをつむぐイラストレーター』田村セツコ著（河出書房新社 2012年）
『不壊の露』（稲王義知・長井良子・河井秀子 1978年）
『家と人。17』（リヴァープレス社 2008年）
『家の教室。Vol.2 記憶の棲家について。』（リヴァープレス社 2017年）
『写真でみる岩泉の畑作』（第1回岩泉町民俗写真展示資料　岩泉教育委員会 2001年）
『岩泉町の畑作』（第2回岩泉町民俗写真展示資料 岩泉教育委員会 2013年）
『日本の生活100年の記録』佐藤能丸・滝澤民生監修（株式会社ポプラ社 2000年）
①住まいとくらし 100年②食生活の 100年④社会生活の 100年⑦文化流行の 100年
『むかしのくらし　思い出絵日記 2』たかいひろこ著（株式会社ポプラ社 2015年）
『春夏秋冬の行事と食べもの』たかいひろこ著（株式会社ポプラ社 2015年）
『絵でわかる社会科事典 ⑥衣食住の歴史』鎌田和宏監修（学研教育出版社 2014年）
『食卓の日本史和食文化の伝統と革新』橋本直樹著（勉誠出版　2015年）

※この他多くの文献を参照しました。紙面をお借りしてお礼を申し上げます。

STEP 1
人生記憶年表を作ろう

あなたが生まれてから今日まで、記憶をたどりながら、人生の区切り、大きな出来事、そのときどきの想いなどを記入してみましょう。

STEP 2
私」と「暮らし」を整理してみよう

本書の構成を参考に、次の項目ごとに、思い出に残っていること、大切にしたいこと、これから伝えたいことなどを記入してみましょう。

1. 暮らしを育てる
2. 暮らしを彩る
3. 暮らしを伝える
4. 暮らしを仕舞う
5. 暮らしの明日へ

あなたのための生活記録ノート

自分だけの人生ノートブックを
創ってみませんか

私の暮らし……
これまで・これから

これまでの生き方、暮らし方は、
いわば自分だけの記憶資産。
次の世代に伝えていきたいものもあれば、
捨ててしまってもいいものもあるはず。
これからの「私」にとって大切なものは何か。
モノやヒト、お金、住まいなどについて
改めて整理し、見つめなおしてみませんか？
年齢にこだわらず、若々しく　輝いて、
自分が納得できる時を刻んでいくために。

子ども時代から現在まで、それぞれの時代区分ごとに、「自分の出来事」（誕生、小中学校入学、高校・短大・大学・専門学校進学、就職、結婚など）、「家族や身の回りの出来事」（両親、祖父母、きょうだいの状況、引っ越しなど）、「楽しかったこと／嬉しかったこと」「悲しかったこと／辛かったこと」を記入していきましょう。

それぞれの時代区分ごとに、自分にふさわしい形容詞やキーワードをつけてみましょう（例：賑やかな食卓を囲んだ子供時代、ビートルズに夢中だった青春時代など）

20代～ミドル時代（30～50代）	シニア時代（60～）

STEP 1
「私」だけの人生記憶年表を作ろう

あなたの生年：　　　年（　　　歳）

時代区分	子ども時代（誕生〜小学校）	学生時代（中学・高校・短大・大学）
キーワード		
自分の出来事		
家族や身の回りの出来事		
楽しかったこと 嬉しかったこと		
悲しかったこと 辛かったこと		

2 暮らしを彩る

料理、ファッション、家事の工夫、ペット、趣味、人間関係など、暮らしを豊かに彩るために、これからも大切にしていきたい知恵や工夫などを記入してみましょう。

STEP 2
「私」と「暮らし」を整理してみよう

1　暮らしを育てる

子育て、教育、しつけ、食育など、自分や家族の成長を助けた考え方、方法について記憶していること、これから伝えていきたいことなどを記入してみましょう。

4　暮らしを仕舞う

家や家財、洋服の整理、終活など、これからシンプルに暮らすための心がまえ、準備などを記入してみましょう。

STEP 2
「私」と「暮らし」を整理してみよう

3 暮らしを伝える

家族行事、伝統行事、戦争体験、その他、祖父母、両親たちから聞かされ、これからも語り伝えていきたい思い出、言葉などを記入してみましょう。

6 その他、なんでも

これまでの分類におさまりきれない想い、思い出、体験などを自由に記入してください。

STEP 2
「私」と「暮らし」を整理してみよう

5 暮らしの明日へ

これからの夢や実現したいこと、挑戦したいことを想い描き、実現に向けての課題や準備についても記入してみましょう。

私の住まい

終の棲家はどうするか、など

私のネットワーク

家族以外の友人、
仲間とどう支え合うか、など

私の夢・目標

これから挑戦したいこと、
実現したいことなど

私は、いつでもING・進行形！

暮らしのこれから
～ これだけはしたいこと、しておきたいこと

私の羅針盤

・２つのＳＴＥＰをふまえて、「私」の「記憶」と「暮らし」が整理できたら、改めて、これからの生き方・暮らしを考えてみましょう。
・それぞれの項目に記入して一覧表にしてみると、それが今後のご自身の「羅針盤」となるはずです。

私の健康

食生活 運動、睡眠で、
気をつけていることなど

私のお金

家計、働き方、資産管理の
今後の計画など

「暮らしの物語」編集委員会
編集者、フリーライター、マーケッター、デザイナー、女性史研究者、
地域活動実践者など、「生涯現役」をめざすハイエイジ世代の女性で
構成。自らの暮らしの中で培ってきた、豊富な経験や知見をふまえ、
女性たちの視点による「暮らしを繋ぐ記録」の重要性を提唱している。
代表は、澤登信子（株）ライフカルチャーセンター代表取締役

暮らしの物語　～女たちの想いで繋ぐ日々の記録～

2018年7月31日〔初版第1刷発行〕

著　者　「暮らしの物語」編集委員会
発行者　佐々木 紀行
発行所　株式会社カナリアコミュニケーションズ
〒141-0031　東京都品川区西五反田6-2-7 ウエストサイド五反田ビル3F
TEL　03-5436-9701　FAX　03-3491-9699
http://www.canaria-book.com
印刷所　株式会社報宣印刷
編集責任者　澤登信子
編集担当　鶴野美代　長井八美
装丁・デザイン　中村健（MO' BETTER DESIGN）
カバーイラスト　勝部ともみ
本文イラスト　脇野直人

ISBN978-4-7782-0436-5 C0095